Татьяна Гуринович

Роман«Жизнь»

Роман «Жизнь» – это рассказ о молодой девушке, в основе сюжета лежит трансформация личности героини. Новелла написана в формате «Секса в большом городе» – здесь обсуждаются темы дружбы, любви, секса, семьи, взросления, карьеры и т.д. Эта женская проза, которая может быть интересна и мужчинам, так как там показан женский взгляд на различные проблемы – во взаимоотношениях, в профессиональной сфере, в культуре, в политике и т.д.

Жизнь гораздо литературнее литературы (с)

I

Саша смотрела на закипающий чайник, прокручивая в голове предстоящие ей в тот день дела. Хотя ей надо было только сходить к матери в больницу и решить вопрос с компьютером, который так некстати сломался – она раз за разом прокручивала у себя в голове последовательность действий – что сделать сейчас дома, потом, куда надо будет зайти сначала, надо ли куда-то заходить по дороге. Ей надо было обязательно составить четкий план действий – любая неопределенность ей очень не нравилась.

Саша никогда не записывала список дел в ежедневник или куда-либо еще. Привычка эта – держать все в уме – появилась давно, после просмотра фильма, в котором говорилось, что настоящий шпион ничего не записывает, так как по любым, даже самым крохотным записям его можно вычислить. Услышанное так впечатлило ее, что с тех пор она выписывала только адреса и телефоны.

И еще список желаний, который советуют сделать психологи, уже не раз попадался на глаза посторонним.. Не то, чтобы она желала что-то из ряда вон, но свободная форма письма (для себя же пишешь) и амбициозность (желание иметь к такому-то числу столько то сотен тысяч долларов, а к такому числу столько-то миллионов и плюс переехать в Европу, купить там дом и т.д.) все это могло несколько удивить постороннего, ведь жила то она в маленьком городке здесь в Беларуси, у нее не было ни работы, ни богатых родственников, ни богатого ухажера. И может кому-то все эти желания покажутся неуместными, но.. «к черту мнения «кого-то!»», Саша всерьез собиралась жить богатой и красивой жизнью, хоть и конечно стопроцентной уверенности, что все сложится как надо не было...

Не смотря на всю эту осторожность с записями, Саша была довольно открытым человеком. Иногда может зря.. А может, и нет.. Ведь это делало ее тем, кто она есть, это делало ее интереснее. И какая разница, если некоторые части из ее жизни удивляли, смущали и отпугивали от нее других людей? Значит, эти люди были не для нее. Главное, что в ее жизни всегда были те, которым можно было рассказать о себе все и это никак не могло испортить их отношений.

Придя к матери в больницу, проходя по больничному коридору, Саша ловила на себе взгляды прохожих, это было для нее вполне привычно. И непонятно, что вызывало интерес окружающих, ее внешность? Стиль? Часто в магазине, или в ресторане, или в парикмахерской или еще где она сталкивалась либо сразу неприкрытой ненавистью, либо с какой-то чрезмерной симпатией.. Как-то довольно странно это было.. Одна Сашина знакомая ей как-то сказала: «Надо будет у тебя взять автограф». «Ха! С чего??», ответила Саша. «Ну ты может этого не замечаешь, но в твоем поведении, в том, как ты говоришь и что-то делаешь, как-то замечается это…».

Было очень приятно это слышать.. и довольно вдохновляющее. Саша с детства вызывала какой-то странный и неопределенный интерес окружающих. Хотя, она не старалась быть как-то особенной, она хотела лишь выглядеть и быть в соответствии со своими идеалами, как надо выглядеть и какой надо быть. Идеалы эти она «черпала» из глянцевых журналов и американских/европейских фильмов.

Наверно, это было странно и сложно для понимания ее друзей и родственников, когда в подростковом возрасте Саша ехала в столицу и покупала там фирменные джинсы за треть зарплаты бухгалтера ее матери, это притом, что отец ее не работал с тех пор, как Саша пошла в школу, и они еле сводили концы с концами. Саша считала такое поведение достойным уважения – вести такой образ жизни, как тебе хочется, выглядеть так, как ты хочешь выглядеть, не смотря на обстоятельства. И сейчас вспоминала, какой наивной она была тогда, ожидая такого же уважения и понимая со стороны друзей и родственников...

Сейчас, повзрослев.. можно сказать (ей было 23). Она все так же на последние и единственные деньги покупала дорогие вещи. Она предпочитала купить один шелковый невероятной красоты платок, чем 2 вещи, которые ей нравились.. но так.. Она считала, пусть хоть что-то в ее жизни будет именно таким, как должно быть, а не что-то примерно похожее на то, чего ей хочется. А больше всего она не понимала людей,

4

которые мечтали об одном, но жили совсем другим. Да, обстоятельства, жизнь, трудности и все такое.. Но в любом случае, очень мало кто из людей плывет по течению, большинство выстраивают свою жизнь и выстраивают они ее, почему-то не в соответствии со своими мечтами, а соответствии, как им кажется, «реальными» обстоятельствами. Саша считала, что это самое глупое, что можно вообще сделать.

II

17.30. Саша стояла на вокзале, ожидая автобуса. Она ехала по делам в столицу. Пока она отошла на пару минут к ларьку, автобус уже подъехал и люди рассаживались. Зайдя в автобус, она заметила свою давнюю знакомую, они поздоровались, и Саша могла пройти и сесть дальше, но что-то дернуло ее, и она спросила, можно ли сесть рядом с ней, сразу же подумав «блин, зачем я это сделала?! Сейчас надо будет рассказывать как дела, а дела в реальности не так, как хотелось бы о них рассказывать». Та сказала «конечно», но на лице на секунду появилось некоторое смятение. Так бывает, когда люди не видятся на протяжении многих лет. Это называется взросление.

Когда Саша в подростковом возрасте увидела передачу на NationalGeographic, в которой говорилось, что у человека к 25 годам останется только половина из его друзей, а к 40 только 1,2, она не поверила. «Почему люди перестают общаться друг с другом?», думала она. Но, чем старше она становилась, тем чаще она это вспоминала и понимала (в том числе по себе), почему…

Из-за собственных комплексов. Старым друзьям, как и родственникам, люди всегда пытаются доказать, что их жизненный выбор был верным. И когда проходят годы, университет позади, в настоящем только скучная работа (а то и вовсе ее нет), а в будущем пока никаких перспектив… Или, если даже все не так мрачно, то все ровно не так круто, как у бывшего лучшего друга. Тогда, чтобы не видеть этой разницы, люди начинают избегать своих школьных друзей.

Саша в свои 23 не общалась уже ни с кем, с кем общалась в 15. Она поддерживала связь только со своей лучшей подругой. Раньше Саша была убеждена, что настоящая дружба длится годами и очень переживала, что если она потеряет тех немногих подруг, с которыми она дружит с детства, то с кем же она будет общаться? Но время показало, что настоящая дружба возможна и с теми, кого знаешь несколько недель, а те, кого знаешь много лет, необязательно являются твоими друзьями (иногда они оказываются злейшими врагами).

Хотя, конечно, поначалу ее очень расстраивало терять близких людей. Но теперь она понимала, что люди уходят из ее жизни, потому у нее с ними нет больше ничего общего, и больше не старалась их удерживать. А в последние годы даже начала их избегать... Не потому, что ей не было чем хвастаться, просто каждый раз, когда она пыталась рассказать людям из своей прошлой жизни о своих успехах, она встречала только удивленные взгляды, которые как бы говорили «это хорошо или плохо?», и, похоже, вообще не понимали, о чем она.

Основным поводом гордости для Саши были ее достижения в работе – статьи, награды, книга, изданная в престижном зарубежном издательстве, и университет, где было невероятно сложно учиться. Работала Саша как журналист фрилансер, в стране, где работой называют только ту, куда каждый день приходишь в 9.00 и уходишь в 18.00. Фрилансерство, статьи о политике, учеба в европейском вузе, это не то, что тут поймут и оценят. Тут считается признаком успешной жизни только местный университет, «нормальная» работа, замужество и дети.

У Саши не было ничего из этого, она теперь жила в совсем другой реальности, где совсем другие ценности – профессиональное и личностное развитие, карьера, друзья, любовь вместо замужества. И она предпочитала избегать людей из прошлой жизни, которые завидовали ей там, где стоило сочувствовать и сочувствовали там, где стоило завидовать. Но ей не хватало общения, хоть иногда, с теми, с кем она дружила когда-то.

Возможно, отчасти, поэтому она села тогда в автобусе рядом со своей знакомой. Саше надоело избегать общения со старыми друзьями, из-за боязни, что они ее не поймут.

– Ну что, ты сейчас где?.. Чем занимаешься?— начала разговор знакомая Саши.

– Да, в городе в основном… Пока особо ничем…

– Ясно. Я пока тоже, хотя думаю искать новую работу и перебираться в столицу.

– Я тоже ищу что-то новое, хотя пока не определилась еще что…

Знакомая Саши недавно ушла с работы в казино, не смотря на то, что она получала там огромные деньги (зарплата в два раза выше средней заработной платы по столице). Причина – отсутствие каких-либо перспектив профессионального роста.

Этот факт заставил Сашу изменить свое мнение о подруге. Раньше она считала ее обычной, ничем особо не примечательной девушкой. Но она оказалась совсем не такой. (Саша, в который раз убедилась, что нельзя делать выводы о людях, не узнав их поближе). Подруге хватило духу уйти с работы, которая не соответствовала ее требованиям, притом, что она даже не знала еще, какая работа будет соответствовать ее требованиям. Такой поступок достоин уважения.

Саша не понимала, недолюбливала и жалела людей, которые, понимая все минусы своей работы, все ровно там работали. Особенно ее бесило, если эти неудачники пытались давать ей советы, как устроить свою жизнь. «Чтоб она была такой же неудачной как у них?!»

Саша не понимала, зачем тратить время и силы на нелюбимую работу, которая абсолютно ничего не дает, даже какого-то ощутимого дохода. Саша точно знала, чего хочет и понимала, что сразу все она не может получить, что надо начинать с нуля. Но всегда считала, что начинать с нуля имеет смысл только в той сфере, которой ты хочешь посвятить свою жизнь, и где ты можешь со временем получить все.

Особое уважение у нее вызывали люди, которые ставили перед собой самые смелые и сумасшедшие цели и занимались их реализацией. Она знала всего несколько таких людей. Большинство ее друзей были «реалистами», радовались тому малому, что имеют, и особо не переживали о том, чего не имеют.

Саша была не такой. Она ну совсем не понимала, когда люди из ее близкого окружения, которых она считала умными, красивыми, достойными всего самого лучшего (друзей выбирают ведь похожих на себя) шли работать в какое-то местное заведение, выходили замуж за обычного парня и жили обычной жизнью, даже не пробуя чего-то достигнуть. Это оказалось для нее самым большим разочарованием. Большинство друзей из ее города были такими. И вот она встречает тут девушку, которая к огромному удивлению Саши, оказалась во многом на нее похожа.

Саша сразу после университета подумывала устроиться куда-нибудь на год, чтобы заработать денег на дальнейшую учебу. Ну и конечно, ей было важно, чтобы работа ей нравилась, она хотела получить какой-то ценный опыт.

Вариант казино, хоть он был чуть ли не единственный денежный, она вычеркнула сразу, потому что работа тут казалась ей малопривлекательной. А получать удовольствие от работы было для нее самым главным. Она пробовала найти работу в офисе. Но после нескольких собеседований, поняв, что тут не только нет никаких перспектив роста, но и денег, она отказалась от попыток куда-либо устроиться. Хоть она все еще несколько сомневалась – может быть, она упускает какие-то возможности? В том числе, финансовые…

И вот, опыт подруги убедил ее в том, что она все делает правильно, в том смысле, что не пытается быть как все, следовать шаблонам, а ищет свой путь. Подруга, зарабатывая на своей прошлой работе огромные деньги, не смогла отложить ни копейки и совсем не жалела о том, что ушла. А Саша, работая фрилансером, получала мизерные деньги, и все-таки, они чувствовались. Наверное, гораздо важнее делать то, что нравится, не думая о том, насколько это престижно и как хорошо это оплачивается.

До встречи с ней, Саша была уверена, что со стабильной высокооплачиваемой работы не уходят. Эта была одна из причин, почему она не искала работу. Она боялась, что эта стабильность затянет ее, как затягивала многих ее друзей, и она уже не сможет уйти, чтобы реализовать свои мечты. На самом деле, работа затягивает только тех, у кого и не было никаких мечтаний.

И Саша подумала, как хорошо, что она села именно рядом со старой подругой. Иначе бы, у нее не было уверенности, что она на правильном пути.

III

Утро, 11.00. Саша еще спала, когда в дверь постучали. Это была ее тетка с двоюродной сестрой. Саша не особо любила, когда родственники приходили в гости, потому что они никогда не упускали возможности упрекнуть Сашу в чем-нибудь, перед ее родителями.

В детстве это была ее разбалованность, в подростковом возрасте Сашин эгоизм – трата Сашей огромных денег на одежду, косметику и т.д., в то время как ее мать годами ничего себе не покупала, сейчас – это нежелание Саши устраиваться на «нормальную» работу, нежелание выходить замуж, заводить семью и еще куча всего.

И, честно, долгие годы Саша испытывала некоторое давление совести – с одной стороны, она считала, что родители должны делать все для своих детей, но, в то же время, она мечтала поскорей вырасти и начать зарабатывать много денег, чтобы, наконец, семья смогла жить нормально.

И только сейчас она понимала, что эти муки совести были совершенно напрасны. Это не была вина

Саши в том, что жизнь ее матери была такой, какой была. Это был ее выбор. Нельзя изменить или как-то повлиять на жизнь другого, если он сам этого не хочет. Саша этого не понимала раньше, хотя можно было это понять еще лет 10 назад, когда Саша сделала маме подарок.

У Саши всегда был какой-то комплекс по поводу ее «нормальности»... Точнее, отсутствия «нормальности» в ее жизни. Ее семья так отличалась от семей ее подруг – семейные традиции, например, они не праздновали праздники; отношения между родителями – отец не работал много лет, его содержала мать; отношения к ребенку – родители никогда не «воспитывали» ее, не говорили, как и что делать, ничего не запрещали и многое другое.

В детстве она очень страдала от этого, от того, что ее жизнь была не такой, «как у всех». И старалась это исправить. Обычно на праздники, такие как 8 марта, дети дарили мамам подарки – какую-нибудь мелочь, купленную на деньги, которые откладывались из карманных расходов.

В тот раз, Саша, по примеру своей подруги, купила своей матери расческу и что-то еще. Цель этого подарка – не столько подарить нужную вещь, сколько сделать знак внимания, показать этим свою любовь.

Первое что сказала ее мать, увидев на кровати подарок:

— Ну зачем деньги тратить на ерунду?..

Да, на самом деле мы получаем ровно то, чего хотим (иногда даже боясь себе признаться, ведь как можно хотеть бедности, страданий и т.д.?) Но, когда ситуация меняется — например, денег становится больше, а привычки экономить остаются — все это говорит о том, что человеку на самом деле дико нравится такой образ жизни — распоряжаться небольшими суммами денег, экономить, как-то выкручиваться.

И как много времени понадобилось Саше, чтобы понять, что причиной того, что родственники ее недолюбливали, был не ее эгоизм (все люди эгоисты) — это был скорее конфликт ценностей. Почему людей так бесит, когда ты хочешь не того же, чего и они?..

IV

Поезд в Варшаву. Саша ехала на семинар для журналистов. В купе вместе с ней были еще две девушки, ее коллеги — Руфина и Наташа. Они всю дорогу болтали о работе, о предстоящем семинаре, о шопинге, о здоровье, о покемонах, о второй мировой войне, о политике, об искусстве, о культуре их страны, о мужчинах их страны. И вот уже шел первый час ночи, девушки собирались ложиться спать, хоть и совсем не хотелось, еще ведь столько тем можно обсудить!

Расстилая постель, Руфина шутя, сказала:

— Ой, даже постель не могу нормально застелить! Плохая с меня жена будет…

Саша долгое время не общалась с девушками из Беларуси, все ее подруги либо жили в Европе на постоянной основе, либо там учились. И ей так странно и непривычно было слышать что-то подобное.

Руфина была молодая девушка 22 лет. Когда Саша первый раз ее увидела на одной журналистской встрече, она сразу отметила для себя то, как она красива. Она была не просто симпатичной, у нее была очень выделяющаяся внешность — светлая идеальная кожа, большие глаза, сдержанный макияж, роскошные завитые волосы, стройная фигура.

«Хм, интересно, какая она? Вряд ли сделала что-то выдающееся…», подумала Саша.

Саша ненавидела, когда о ней судили по внешности — молодая и красивая, значит глупая и легкая в общении, но, тем не менее, невольно, так судила о других девушках.

Но, Руфина оказалась не только красивой, но и умной и талантливой. У нее, как и у Саши, был уже приличный опыт написания статей (только Руфа писала о культуре, а Саша о политике). Узнав о ней эту общую информацию – красота, ум, талант – Саша представила себе остальное, ее характер – «наверняка, самоуверенная в себе, стерва». Красивые и умные девушки чаще всего именно такие и бывают.

Познакомившись на той встрече с ней поближе, Саша, не без удивления для себя открыла, что Руфа очень милая и хорошая девушка. И вот, общаясь с ней в поезде, совсем шокирующим открытием было то, что у этой умной и красивой девушки была куча комплексов… Кажется, она не понимала, насколько она красива и что, с такой внешностью и умом она может мазать парней как масло на бутерброд. А она переживала из-за плохо застеленной кровати…

И совсем за гранью.. Говоря о внешности, о недостатках, Руфа рассказывала (с оттенком, даже не зависти, а преклонения, что ли), как видела на днях в магазине идеально красивую девушку, «с правильными чертами лица»… Выражение лица Наташи, слушая этот рассказ, было точно как у Руфы – на ее лице читалось то же преклонение.. перед недостижимым идеалом красоты. Но спустя несколько секунд это преклонение было стерто с их лиц, словами Наташи:

— Ай, это, наверное, очень тяжело быть такой красивой, иметь правильные черты лица…

— Ну да, — согласилась Руфа, и они закрыли эту тему.

«Что значит правильные черты лица?! В чем тяжесть быть красивой?!», были немые вопросы на лице Саши. Она не решилась вступить в этот разговор… Она просто потеряла дар речи! Две красивые девушки рассуждают о каких-то идеалах и о том, что все-таки хорошо, что они не идеальны… Это было очень странным для Саши.

Отчасти, она, конечно, их понимала.. у самой раньше была куча комплексов. Тяжело жить в стране, где каждая вторая – красотка. Мужики в таких условиях ведут себя просто как свиньи, они не ценят женской красоты, тут это считается, чем-то, само собой разумеющимся, и когда девушка открыто говорит о своих достоинствах, или просто в себе уверена, всегда найдется какой-нибудь неудачник, который скажет «по-моему, у тебя слишком завышенная самооценка».

Поэтому, чтобы самооценка была «оправдана», чтобы хоть как-то выделиться на фоне местных красоток, женщины используют яркий макияж, сложные прически, вызывающую одежду, каблуки, что считается таким непонятным и вульгарным в Европе.

К тому же, тут женщина не может быть просто женщиной, она должна быть красавицей, без вредных привычек (ей же матерью становиться!), милой и доброй (чтобы мужу было с ней комфортно), хозяйственной и трудолюбивой (принято, что женщина выполняет основную долю домашних обязанностей и воспитывает ребенка).

И что самое странное и печальное, что этот культурный пережиток тут поддерживается как мужчинами, так и женщинами.

Понятно, что мужчинам нравится иметь дома идеальную служанку, но почему и женщины тут с детства уверены, что их роль — это следить за хозяйством, ухаживать за мужем, убирать, готовить, стирать. Это почему-то тут настолько естественно и очевидно для всех, что никому и в голову не приходит, что мы живем в 21 веке, и женщины работают также как и мужчины, так почему бы не разделить обязанности?..

Саша иногда приходила в ужас, общаясь с соотечественницами, от того, насколько могут быть не уверенными в себе красивые, умные и интеллигентные девушки. А все это формируется из опыта общения с мужчинами в этой стране. Чего еще можно ждать, если мужчина тут может подойти знакомиться к девушкам со словами «Ну, не сказал бы, что красивые, симпатичные!», или позволить такое высказывание о женщине в колготках – «будто ее в шоколад окунули»...

У Саши тоже были свои комплексы. Но наблюдая за другими девушками – красивыми и талантливыми – такими как Руфа, она понимала, что, кажется, эти «недостатки», которые она в себе видела, существуют лишь у нее в голове, другие их не видят, как она не видела недостатков других, пока о них не начинали говорить.

В тот день она подумала, что это действительно возможно, как в фильме с Моникой Белуччи и Софи Марсо, где «Моника» долгие годы жила, думая, что она «Софи». Похоже, то, что мы видим в зеркале – это только наш психологический образ.

После жизни в Европе, Саша стала гораздо больше любить и уважать себя. Теперь, когда ей говорили что-то вроде «в тебе, конечно, есть изюминка, но ты не сногсшибательна», Саша не расстраивалась и даже не допускала мысли о том, что возможно она не такая уж и красивая и особенная, она просто вычеркивала подобных комментаторов из своей жизни.

Она не думала больше о том, нравится она парням или нет (теперь она точно знала, что нравится), как надо себя вести, чтобы им нравиться и т.д. Теперь, если кто-то и обращал на нее внимание, она хотела быть уверенной, что он обращает внимание именно на нее, а не на созданный ею образ, и поэтому она предпочитала просто быть собой.

Сейчас, когда Саша общалась с красивой и умной девушкой, которая считала себя недостаточно красивой, умной и т.д., ей хотелось схватить ее за плечи, потрясти и сказать: «Да очнись же!!! Ты СУПЕР! И забей на этих неудачников, которые заставляют думать, что это не так». Возможно, мужчины в этой стране были бы гораздо лучше, если бы хотя бы половина девушек любила и уважала себя без всяких условий.

V

Чашка кофе на столе. Саша сидела за компьютером, пытаясь собраться и написать, наконец, статью, над которой она работала уже месяц. Информация была уже найдена, ей надо было лишь «собрать» из всего этого статью, но ничего не получалось... Документ в Word «Статья» открыт, но там не было ни строчки.

Когда Саша только начинала работать журналистом – на третьем курсе – у нее было столько энтузиазма, так легко и быстро писались статьи. Ей казалось, что ее тексты могут, если не перевернуть мир, то хотя бы мировоззрение тех немногих читателей, которые были у независимых СМИ. Но вот прошло три года, от ее энтузиазма ни осталось и следа... Она понимала теперь, как работает этот рынок. Тут были никому не нужны ее новые оригинальные идеи, чтобы работать тут, надо было лишь давать то, что от тебя ждут, да и читатели принимали лишь то, что не противоречило с их мировоззрением. Здесь важен был не профессионализм, а попадание в «тренд».

Саша так работать не могла. Она была сильно разочарована в тех изданиях, для которых она писала, хотя, конечно, опыт работы там был бесценным и для нее очень важным. Но сейчас она понимала, что тут у нее нет больше никаких перспектив роста и развития, и, наверное, следовало бы бросить все это и пробовать себя в чем-то другом, но так сложно принять тот факт, что то, чему ты посвятил столько времени и сил на самом деле не то, что тебе нужно… И к тому же, надо же было что-то делать, чтобы как-то изменить свою жизнь, и Саша писала новую статью…

Кофе закончился. По-прежнему не было ни строчки. Саша решила, что сделает небольшой перерыв и тогда уж точно закончит эту статью. Перерыв затянулся на два часа. И возвращаясь снова к статье, она подумала, что если ей так не хочется ее писать, может быть, ей и не надо?.. Может ей стоит, наконец, поставить точку в этом деле и освободить себя для чего-нибудь нового, лучшего? Ведь работа, это как отношения с мужчиной — нужно набраться смелости и выйти из отношений, где ты несчастлива, чтобы быть открытой и свободной для новых лучших отношений.

И она закрыла файл «Статья». И ей стало гораздо легче. Она пока не знала, чем будет заниматься, не знала, каким образом добьется всего, о чем мечтала, но отказ от занятия, которое ни на йоту не может приблизить к мечте, уже было 50% успеха.

VI

Соседи вставили новую дверь.. Сашу всегда забавляла и удивляла манера осуществления благоустройства дома в этой стране – всегда начинают с двери.. Не изнутри.. Там купить новую мебель.. Всегда сразу дверь.. потом окна..

Саше всегда казалось это несколько странным... Почему бы не начать обустраивать дом изнутри – купить сначала новый, более удобный диван, например? Но нет... Все начинают с того, что вставляют новую дверь. Это отлично показывает психологию беларусов – зависимость от чужого мнения, от общепризнанных идеалов, боязнь чем-то выделиться, быть не как все, быть хуже. Поэтому начинают ремонт с того, что видят окружающие – вставляют новые окна и двери – чтобы окружающие видели, что они не хуже других.

Отдельная тема – «евроремонт».. Откуда вообще это слово??? Эти люди, которые делают этот «евроремонт», хоть в Европе то были???? Откуда они черпают вдохновение и эти безумные идеи?? Почему люди стараются сделать максимально одинаковую отделку от квартиры к квартире?..

И Саша глянула на свое окно.. «Может, и глупо было сначала делать ремонт в комнате, а окна оставить на потом.. Теперь, если менять – может испортиться отделка..»

VII

Воскресенье, 17.00. Саша провела весь день в постели, сидела в фейсбуке, смотрела фильмы и не могла заставить себя заняться делом. Она ненавидела выходные. От того, что жизнь, будто замирала на эти два с половиной дня. И начиная с вечера пятницы, она с нетерпением ждала понедельника – любимого дня в неделе, который был скорее символом и надеждой начала чего-то нового, но в большинстве случаев был продолжением апатии.

Саша не выходила из дома неделями, потому что в городе не было друзей, а встречаться с друзьями в столице получалось редко, из-за занятости друзей и неудобства Саши ездить туда часто.

И, может, поэтому она видела все в более черном свете, чем оно было на самом деле. У Саши не получалось удовольствоваться малым. Она чувствовала себя счастливой только тогда, когда все шло так, как она планировала и была уверенность в том, что скоро все будет хорошо. Конечно, речь идет о карьере. Когда она видела перед собой перспективы личностного и профессионального развития, тогда только она была спокойна и счастлива.

Ее очень бесило, когда один ее друг, пытаясь ее подбодрить, говорил что-то вроде: «А я хочу бентли и миллион долларов! Так что, мне сидеть и убиваться, что я не езжу на бентли?». Таким способом, он хотел сказать, что это как бы глупо сидеть и переживать о том, чего нет. Похоже, он не воспринимал ее всерьез.. что Сашу бесило еще больше.

Разница между ним и Сашей была в том, что он был вполне счастлив своей жизнью, а Саша была пока только в ожидании жизни.. Ей казалось, что все, что до этого у нее было – это всего лишь «прелюдия», настоящая жизнь еще впереди.. И она делала все, чтобы эта жизнь поскорей наступила, но ничего не выходило…

Ей хотелось как-то выплеснуть все, что у нее на душе, и она выплескивала это через статусы на фейсбуке. Она хотела показать, что у нее не все так хорошо, как почему-то думали многие ее друзья и знакомые.. Она хотела, чтобы люди видели ее такой, какая она есть, что для нее всегда было важно.

Вскоре, она поняла, какой наивной была, пытаясь объяснить то, какая она есть на самом деле, потому что люди видят только то, что хотят видеть. Ответ на эти статусы был довольно неожиданным. К огромному удивлению Саши, реальную помощь и поддержку предлагали малознакомые люди. А те, от кого она ждала хоть какой-то реакции, предпочитали игнорировать ее (хоть они читали и следили за всеми ее публикациями, в чем она смогла убедиться, общаясь при встрече). Видимо, решили не влезать в чужие проблемы – своих достаточно.

Парни, под видом помощи пытались воспользоваться ситуацией (они почему-то думали, что все ее проблемы от того, что у нее нет бойфренда). Такое внимание ее не особо радовало. Потому что она понимала, что это не настоящая симпатия, это желание «получить часть мечты». Она часто вспоминала цитату из фильма, которая очень точно описывала ее реальность: «Не верьте тем, кто любит вас, не зная вас. Точно также они будут ненавидеть вас, не зная вас»[1]. Все было так и в ее жизни.

Но совсем странным было получать злобные комментарии с нотками зависти на статусы про «жизнь говно». Это даже не столько расстраивало Сашу, сколько удивляло... Люди ничего о ней не знающие,

---

[1] «Пупупиду»

пишут, что ее проблемы надуманны... «Хм.. Ну да.. не могу уже долгое время получить постоянную работу.. не могу поступить в универ на стипендию.. сижу без денег в маленьком городишке, где нет ни друзей, ничего, в квартире, в которой надо менять уже абсолютно все, с родителями которые ни дня не могут провести без скандала. Ну да..действительно, чего мне печалиться?..», думала Саша.

Конечно, можно сказать, что у всех есть такие проблемы.. но не ее проблема, что другие не считают это проблемой... И да, можно сказать, что некоторые Сашины проблемы надуманны, в некоторых виновата только она сама, а некоторые и вовсе не проблемы, а то, чего она в действительности хочет (например, отсутствие постоянной работы). Но в целом это ничего не меняет.. Ей было плохо.. И об этом она писала в фейсбуке.. А почему нет? Почему другие пишут только о своих успехах и достижениях? В конце концов, от этих ее негативных статусов была и польза.. Она получила предложение о работе (подруга заказала написать диплом, чтобы Саше было не так скучно) и она узнала, что другие, оказывается, ей даже завидуют... А «если вам завидуют, значит вам хорошо», прочла она когда-то в интернете. Может ей, действительно, было хорошо?.. Кажется, у нее было то, что хотели бы иметь другие. Осталось только понять, что это и начать ценить это. В конце концов, даже в депрессии есть свои плюсы.. Это «болезнь» творческих людей – многие великие люди страдали от этого. И, в конце концов, из этого может родиться что-то прекрасное, как песни Ланы Дель Рей, которые сначала не принимались звукозаписывающими студиями, потому что слишком депрессивные… Но, возможно, только боль рождает что-то действительно стоящее?.. Надуманная она или нет..

VIII

Статус-картинка у одного знакомого: «Лучше иметь девушку маленькую и глупенькую, чем взрослую и шлюху».

«Пиздец блять», подумала Саша, «Лучше иметь тупую малолетку, чем взрослую уверенную в себе, сексуально раскрепощенную женщину… Конечно.. на последнюю у тебя – неудачника, не хватит ни мозгов, ни денег».

Сашу бесило то, как строили отношения мужчины с женщинами в этой стране. (Хоть парень этот был из Украины, но все ровно психология отношений в этих странах была схожа). Большинство из них для чего-то серьезного выбирали себе милую девушку, которая будет за ними ухаживать и со всем соглашаться.

Саша была не такой... Как-то один мужчина, с которым у Саши были общие дела, после нескольких минут знакомства и общения, спросил, есть ли у нее парень... Саша ответила, что нет... Он:

– Я так и думал...

«Хм.. Че это ты так и думал?! Мы только познакомились... Вроде бы ничего «такого» не сказала... В чем вообще прикол?» Саша была в шоке, чтобы что-то произнести вслух, она только вопросительно смотрела на него. Он, как бы в ответ на Сашино удивление, продолжал:

– Ну это как-то сразу видно... Ты не комфортная...

– ???

– Ну мужчины хотят, чтобы девушка была такой милой, чтобы с ней было комфортно...

«Ага... Девушка должна молчать обо всех твоих недостатках, чтоб ты – лошок – мог чувствовать себя мужчиной...» (Мысли Саши).

Сашу удивило не представление этого парня, какой должна быть девушка для отношений... Ее удивило то, как быстро он определил, что Саша для них не подходит… И это было даже приятно… Видимо, буквально с первых слов в Саше была в видна личность, что так пугает большинство мужчин в этой стране.

Саша не переживала о том, что она не достаточно «комфортная», она все еще не теряла надежды встретить, наконец, нормального – сильного, уверенного в себе, умного, успешного – мужчину, которого не испугает сильная уверенная женщина рядом. Но было печальным, что женщина без мужчины в этой стране считается какой-то «неполноценной». И у тех, у кого не получается построить отношения, появляется много страхов и комплексов. А те, кому удалось найти кого-то, стараются подстроиться под все его желания, убеждения, взгляды и т.д. И неужели эти женщины не видят, что гоняясь за статусом быть «нормальной», быть «как все», быть в отношениях, пусть и несчастливых, они теряют себя?.. Почему для многих отношения дороже собственных перспектив?..

IX

Раздался телефонный звонок, разбудивший Сашу. Было уже 12.36. Хотя Саша обычно просыпалась не раньше 14.00, она решила уже вставать, так как накануне вечером она решительно решила изменить свою жизнь и начать менять ее с графика сна.

Правда, она так решала каждый вечер и уже не первый год, все же, на пятый год попыток она уже делала кое-какие успехи. Впервые за долгие годы ей удалось хоть немного нормализировать свой график.

Но пока это было единственным ее достижением – хоть она теперь и вставала рано, целый день она, по большей части, занималась всякой ерундой, а не реализацией своей новой цели (изменить жизнь). И очень злилась на себя за это, особенно после просмотра в социальной сети фотографий друзей, которые так и демонстрировали успех. «Ну как у них это получается?! Надо и мне браться, наконец, за дело…»

Но энтузиазма ее хватало ненадолго. Потому что она не знала, что ей делать… У Саши был сейчас такой период переосмысления своих жизненных целей. Все ее старые цели медленно уплывали у нее из рук, а новые пока не появлялись. Ужасное чувство, когда ты понимаешь, что то, чем ты какое-то время занимался, куда вложил силы, старания, время, на самом деле не может принести, ожидаемого тобой результата, и вообще, кажется, это совсем не та область для реализации поставленных тобой целей. У Саши было сейчас как раз такое чувство.

Но, обнадеживало то, что подобное чувство она переживала уже не в первой.. и она знала, что это не «конец», что обязательно еще появятся новые цели и перспективы, как появились они в прошлый раз…

В 14 лет Саша решила, что пора все менять, и, что наиболее подходящим способом реализации ее желаний – жизнь заграницей, большой дом, деньги – и в кратчайшие сроки, будет модельная карьера.

Саша была красивая, стройная довольно высокая девушка. Она была уверена, что это работа для нее. Поэтому, Саша начала заниматься в модельном агентстве. Окончание его должно было гарантировать высокооплачиваемую работу заграницей.

Прежняя жизнь была ужасна, она ждала выпускного вечера в агентстве и последующих результатов, как избавления от всех прежних проблем. Она даже подумать не могла, что что-то может пойти не так, как она планировала. Ведь она красива!!

Но, все пошло именно не так, как она планировала. Тогда в стране начали закрывать модельные агентства, точнее переформировывать их в школы. Они теперь не могли отправлять девушек работать заграницу. Так произошло и с агентством, где занималась Саша. Ей посоветовали пойти в другое, это был единственный шанс – если она там понравится, она могла бы работать моделью у себя на родине, а позже и за рубежом.

И вот сделав яркий макияж, обув туфли на высоких каблуках и в коротком платье, она шла туда на кастинг. По дороге с ней пару раз пытались познакомиться, что еще больше убедило ее в том, что она неотразима. Но.. не для директора модельного агентства… Ее не взяли. Для нее это был шок. Она не расстроилась. Она была убита.

Придя немного в себя и не видя другого способа, как изменить свою жизнь, она стала слать свои фото в разные местные журналы, участвовала в конкурсе красоты, поступила в европейский университет и там нашла агентство, снималась для различных фотографов, чтобы пополнить свое портфолио, слала фото в разные агентства.

Казалось бы, сделано все. Но все эти действия не давали никакого результата, кроме красивых фотографий и затяжных депрессий. Работу модели она так и не получила и после каждого отказа долго не могла прийти в себя.

Увиденный однажды психологический фильм, в котором говорилось, что на самом деле мы получаем в жизни то, что хотим, и что ожидаем, очень впечатлил ее и заставил задуматься. Хотела ли она страдать? Или не хотела модельную карьеру? Возможно, и то и то. Возможно, она была еще к этому не готова..

На тот момент, в работе модели ее привлекало в основном лишь престижность этой профессии – быть моделью, значит быть «официально признанным» идеалом красоты. Но правда была в том, что эту профессию она представляла себе намного гламурней, чем она была на самом деле, в реальности – это очень тяжелая работа.

Это касалось и многих других ее желаний, например, найти постоянную работу журналистом – это означало быть нормальным человеком, как все, хотя, постоянная, стабильная, рутинная работа – это было совсем не для нее.

Многие ее мечты исходили из каких-то общепризнанных идеалов, а не из того, что она на самом деле хотела. Сейчас она думала, что это было бы безумием бросить школу в 15 и уехать заниматься моделингом, тогда она бы не получила очень важные для нее сейчас вещи – образование, опыт работы журналистом.

Она пыталась получить работу модели 7 лет и никакого результата. Она отказывалась принимать тот факт, что это не ее, потому что это означало сдаться, а она видела в фильмах, что сначала долго не везет, прежде чем тебя оценят, и ты получишь все. Но иногда.. то, чего ты не можешь получить – это именно то, что тебе и не надо…

Саша не могла получить постоянную работу журналистом в своей стране… Ну.. наверное, она может получить что-то другое.. думала она и старалась больше не думать об «упущенных возможностях».

X

Четверг. Вечер. Саша взволнованно бегала по квартире. Она собиралась на встречу с другом. Встреча была через 20 минут, а Саша была еще в бигудях и из одежды на ней были только чулки.

Она боялась опоздать, потому что в прошлый раз, когда она пришла на час позже договоренного времени (она не думала, что это важно, он ведь ждал ее дома!) он ей прочитал такую «лекцию»… Он искренне не понимал, как можно так опаздывать: «Если ты знаешь, что будешь готова через 2 часа, так и договаривайся на это время!», возмущался он. И как ему было объяснить, что, если Саша договаривалась встретиться через 40 минут, она правда думала, что ей хватит 40 минут, чтобы собраться, но, как правило, ей надо было в два раза больше времени, чем она рассчитывала…

И вот уже подъехало такси, Саша спускалась в приподнятом настроении, вечер обещал быть интересным.

Юра был родом из ее города, но сейчас он жил в Москве и иногда приезжал сюда на недельку/две встретиться с родственниками и друзьями.

Он был единственный друг мужчина Саши, кому она на самом деле доверяла. Саша была рада приезду Юры. До недавнего времени она не понимала, почему с ним она чувствует себя так комфортно, ведь у них абсолютно ничего общего, абсолютно разные взгляды на все. Они проводили все вечера и ночи, споря на самые разные темы. Но в тот вечер он оставил отпечатки на ее очках и в серьез сказал, чтобы она их не стирала… «В будущем, они будут стоить очень дорого».

Да. Она поняла, что у них было общего — уверенность в себе. Саша сразу вспомнила про свои школьные тетради, которые она хранила ранее по той же причине (хотя недавно выкинула, решив, что если она и станет богатой и знаменитой, не стоит продавать и вообще показывать кому-то эту писанину с кучей исправлений).

Юра был единственный из ее друзей, с кем она всерьез могла обсуждать свои планы. А планы у них были весьма схожи. Они оба хотели управлять миром – точнее добиться успеха в какой-либо области, реального успеха, чтобы их работа – могла изменить мир в той или иной области. И, пожалуй, только он из всех ее знакомых считал это реальным и не смеялся над ее мечтами. Он всегда мог дать ей ценный совет по работе и по жизни, хоть слабо представлял, над чем она работает и как она живет. В тот вечер Саша была обеспокоена тем, что никак не может наладить свою жизнь. На что Юра ответил:

– Не парься, всему свое время. Возьми паузу.

– В чем? В ничегонеделании? Пожалуй ты прав…, – с иронией ответила Саша.

Как обычно он смог ей помочь нужным советом. Он часто вдохновлял ее на что-то, в этот раз вдохновил переосмыслить свою жизнь, свою реальность.

Они обсуждали государственную политику ее страны. Саша была недовольна политикой, проводимой властями – возможно, внешне жизнь в стране и казалась хорошей, но ее всегда интересовала другая реальность, что за этим стоит. А стояло за этим беззаконие властей и жизнь за счет более состоятельных стран. На что Юра ответил:

— У вас строятся новые дома, стандарты жизни становятся все более европейскими, на улицах спокойно! Ну и прекрасно, что у страны огромный долг! У США огромный долг…

Сравнение с США заставило ее задуматься… А ведь и правда, что такое реальность? То, что существует реально? Или то, что за этим скрывается?

Впервые, она задумалась об этом после прочтения «Войны и мир», где описывалось семейство Ростовых как одно из самых состоятельных в стране и в то же время, они были вынуждены занимать каждый год деньги. Это странно и не укладывается в голове, как же так?! Одновременно считаются и состоятельными и в долгах. Возможно, одна сторона их жизни говорила о том, что они бедны – огромные долги – но они вели роскошную жизнь, устраивали пышные балы, дарили друг другу дорогие подарки. Так что же тут было реально? Долги, которые никак не меняют их жизнь, или дорогие подарки, платья, балы и т.д.? Скорее второе. Но нас всегда интересует другая сторона реальности, что за всем этим стоит. А может быть, это не важно?...

Саша задумалась о своей жизни… С одной стороны, у нее не было денег – родители на пенсии, сбережений нет, она не работала, фрилансерством зарабатывала копейки. Но, не смотря на все это, у нее была одежда Гуччи, Шанель и т.д. (купленная где-то на распродажах), дорогая косметика, она ходила в элитные рестораны, много путешествовала (различные тренинги и семинары для журналистов).

Главный вывод тут не в том, что надо выбирать «позитивную реальность», а в том, что реальная жизнь может не соответствовать «реальным» обстоятельствам. А мы все загоняем себя в эти рамки «реального», не смеем даже ждать чего-то если на то, нет никаких «реальных оснований».

У Саши сейчас не было никаких «реальных оснований» ждать, что скоро все будет хорошо, что жизнь изменится. И от этого она была в депрессии. Она искала и не могла найти «инструмент», которым можно будет все изменить. Раньше она предполагала, что этим инструментом будет работа модели, потом – работа журналистом. Сейчас она отказалась от всех этих идей, а других у нее пока не было.

В тот вечер она подумала: «А может быть, это не важно?..», (каким инструментом она все изменит). В одном психологическом фильме говорилось, что надо четко представлять свою мечту и не думать, о том, как ее получить и со временем она сбудется.

Все, Саша решила, что ей надо мечтать смелее, и ни о чем больше не думать.

XI

Вечер. Саша ехала к Юре. Она была несколько взволнованна, накануне вечером у нее появилась одна идея, которую она хотела предложить ему.

Юра недавно открыл свою фирму – элитная дизайнерская одежда. Концепция бренда была очень оригинальной, и Сашу это вдохновило попробовать самой нарисовать эскизы для их новой коллекции. Это и собиралась она предложить Юре. Он согласился. Они обсудили некоторые рабочие детали, и Саша вдохновленная поехала домой.

Где-то глубоко внутри она всегда мечтала создать свою коллекцию одежды. Она всегда считала, что дизайнерские вещи – это не просто дорогие тряпки и неоправданно завышенные цены, как стараются показать это в разоблачающих фэшн индустрию фильмах и статьях. Она считала, что дизайнерская одежда – это искусство, стиль, смысл, красота, это вещи, которые помогают нам само выразиться и определяют нас в глазах других.

Ее бесили те, кто говорил, что фешн индустрия, мода, глянцевые журналы навязывают нам свое мнение, и благодаря им человек хочет то, что ему на самом деле не нужно. А что человеку на самом деле нужно? Пища, крыша над головой и минимум одежды? Это не так! Человек – не просто животное, которому нужно только удовлетворить свои естественные потребности. Человек существо с абстрактным мышлением. Культура, искусство – для него не просто что-то лишнее, это то, без чего невозможно его существование.

Про «диктат» моды чаще всего говорят неудачники, которые просто не могут себе это все позволить и «прикрываются» статьями, прочитанными в этих же самых глянцевых журналах. То, что мода, якобы нам что-то навязывает – очень глупое и ни на чем не основанное утверждение. Мода существовала всегда, всегда были определенные правила и идеалы. И человеку свойственно хотеть достигнуть этого идеала, и не важно, где он его видит – в глянцевом журнале или где-то в реальности. Плохо это или хорошо, но это есть.

Сашу очень привлекал этот мир фешн индустрии. В будущем ей хотелось создать свою линию одежды.

И вот у нее появилась возможность попробовать себя в этой сфере. Она начала рисовать эскизы одежды для Юры.

XII

Вокзал. Автобус. Саша снова ехала в столицу и снова встретила в автобусе знакомого. И, вдохновленная предыдущим опытом, снова решила сесть рядом. Она не видела его более пяти лет, и подумала, что общение может быть интересным.

В последний раз они виделись, когда Саша была еще в 11 классе. Сейчас она была уже полностью другим человеком, у нее за спиной университет, работа журналистом, исследования, книга, путешествия, новые друзья, новые любовники, а у него – абсолютно ничего не изменилось за эти годы, только появилась жена и ностальгия по старым временам.

Одной из причин, почему Саша не любила общаться со старыми друзьями из ее города – это их ностальгия по прошлому, а именно по тусовкам. Все они были уже женаты и с детьми, в их жизни не происходило ничего интересного.

Саше эта ностальгия была совсем не понятна, ей не особо было приятно вспоминать эти «старые времена», потому что сейчас «времена» были гораздо лучше, особенно неприятно было, когда они ждали от нее подтверждающего ответа, как бы само собой, подразумевая, что у нее такая же неудачная жизнь, как и у них.

И вот они проехали уже половину пути, общие темы для разговора были исчерпаны, и Саша пожалела, что села рядом. Саша уже давно не общалась с кем-то из этого другого, не ее мира и было странным слышать, например, когда собеседник в общении старается принизить свои и чужие достоинства. Например:

– Тебе хорошо, с вокзала домой идти не очень далеко…, – заметил он.

– Ну, хотелось бы, чтобы идти было еще меньше…

– А, ленивая!.., – смеясь, сказал он.

Саша неприятно изменилась в лице. На самом деле, ей было не лень, просто мало удовольствия долго идти пешком в мороз – 20.

Он несколько раз позволил себе подобное как бы в шутку, и с интонацией, будто он ее хорошо знает, что Сашу особенно раздражало. Ей были не совсем понятны такие шутки.

Что еще Сашу очень раздражало – это постоянная боязнь здешних людей сделать что-то не так, быть чем-то хуже других, боязнь чем-то выделиться. От этого люди тут не чувствуют свободы. Никогда. Даже в повседневном поведении они стараются быть «идеальными», а не естественными (и Саше было непонятно – зачем?!). Но так как это в принципе не возможно, от этого возникает какое-то чувство неудовлетворенности собой.

Саша не считала, что ей надо к чему то стремиться, она видела идеальное в реальном. Саша не стеснялась ни себя, ни своего поведения. Она достала из сумки салфетку, чтобы высморкаться.

– Я тут немного приболела…, – сказала она.

И тут ее собеседник, резко оживившись, с какой-то странной радостью, зачем то добавил:

– Не стесняйся! Наши люди не стесняются!

«Эм… Я и не думала…», подумала Саша, удивившись его реакции. Ему будто было приятно открыть для себя, что Саша нормальный живой человек и может высморкаться в автобусе…

В целом, общение с ним было странным, будто встретились два иностранца. Но еще более странным было то, что после этого «неловкого» общения он захотел встретиться еще раз – выпить вместе…

Саша отказалась. Не потому, что у нее не было времени (как она ему сказала), и не потому, что он был женат, а потому что, кажется, он считал ее глупой блондинкой, с которой будет легко общаться…

Для Саши было шоком однажды открыть, что ее старые друзья, люди с которыми она общалась много лет, раньше видели в ней лишь пустую дурочку, у которой есть лишь одно достоинство – внешность. Это открытие она сделала после публикации своих первых статей, чем она всех шокировала. Не просто удивила, а шокировала так, что некоторые перестали с ней общаться. А Сашу, в свою очередь, шокировало то, что это их шокировало. И самым обидным и странным было то, что эти люди знали ее довольно долго. Получается, она производила такое впечатление?..

Она никогда не заботилась о том, что могут подумать о ней люди по ее поведению. Ей казалось, что окружающие видят в ней то же, что и она – ум, уникальность, таланты – даже не смотря на то, что иногда она может вести глупо. Оказалось, что нет.

После публикации книги отношение к Саше изменилось еще больше. Как-то идя домой, она встретила своего давнего друга, который всегда при встрече останавливался поболтать, в этот раз, увидев ее, он неприятно изменился в лице, поздоровался и немного обошел ее стороной, чтобы избежать встречи, и пошел дальше. Саша чуть не засмеялась.

Ее успехи, амбиции и планы отталкивали от нее всех ее старых друзей и новых знакомых в этом городе. Она была не такой, как они. И Саше было даже смешно и приятно наблюдать эту перемену в отношении к себе окружающих от первого знакомства, до того как они узнают ее поближе, и после этого исчезают из ее жизни.

И она уже привыкла к такому положению вещей, как вдруг в автобусе ее старый знакомый предлагает ей снова встретиться…

Когда они попрощались, Саша осталась в каком-то смятении и эта встреча испортила ей настроение на целый день, и она сразу даже не могла понять, почему??

Вечером, в сотый раз прокрутив в голове прошедший день, ее беседу с этим парнем, она, наконец, поняла в чем дело, что ее смутило. Если он считал ее похожей на себя (раз предложил встретиться), значит, он ей не поверил о том, что она рассказывала о себе, о своей работе, об успехах и т.д. И это ее страшно бесило.

Сначала ей хотелось разыскать этого ее знакомого и как-то ему доказать, что она все это не напридумывала. Но потом она успокоилась. Кажется, она понимала, почему он ей не поверил... Ведь в этой стране никто не говорит открыто о своих успехах и планах на будущее, боятся что сглазят. Уверенность в себе, смелость, амбициозность считаются здесь скорее негативными качествами. Если кто-то и рассказывает о том, как он успешен, его не воспринимают всерьез. И даже по своему опыту общения с местными людьми, Саша знала, что разговоры о том, какой человек класный, чаще всего, да что там чаще всего, всегда! Оказываются ложью. Саша забыла об этом. Забыла, где находится.

Саша думала обо всем этом вечером, сидя за чашкой кофе. И единственный вывод, который со всего этого она сделала это то, что для собственного спокойствия, ей надо по возможности ограничить общение с людьми, которые ее раздражают и которые позволяют ей, пусть и не надолго, усомниться в себе. Она не была согласна с утверждением, будто люди, которые нам говорили, что у нас ничего не получится, делают нас сильнее... На самом деле, подобные высказывания только расшатывают нашу веру в себя, и со временем можно потерять ее совсем. И Саша решила, что будет общаться только с теми, кто в нее верит, тогда возникает желание доказать им, что они были правы.

XIII

Вечер. Саша сидела за компьютером, пила вино и просматривала в интернете картины Моне. У нее было отличное настроение, она чувствовала себя счастливой. В тот день Саша начала рисовать.

Саша училась когда-то этому, но вот уже более 7 семи лет она не становилась за мольберт. Раньше рисовать ей было не особо интересно, и не особо получалось, только на последнем году учебы она начала делать кое-какие успехи, она даже выиграла пару конкурсов. Но свою жизнь связывать с этим она не собиралась и не собиралась больше к этому возвращаться.

Она не думала, что когда-то ей захочется этим снова заниматься. И вот на протяжении последних двух лет, ее дико тянуло начать рисовать снова, и два года она боролась с этим желанием. Ей было тяжело морально, так как Саша принимала решения (в данном случае бросить рисовать) раз и навсегда.

Она решила посвятить свою жизнь журналистике, конечно рисование можно было оставить как хобби, но Саша не могла что-то делать просто так. У Саши никогда не было хобби. Если она решала заняться чем-либо (писать например), то занималась этим профессионально и окуналась в это с головой, и конечно, пыталась с этого заработать.

Возможно, это происходило из ее культуры. В ее стране мало у кого есть хобби, тут люди либо работают, либо учатся. Свои увлечения (если они есть), люди превращают в дополнительный заработок. Тут считается очень странным делать что-то просто для удовольствия, ведь и так есть куча других дел – работа, учеба, работа по дому.

Саша была не только рабом культуры, но и рабом своего перфектционизма. Она если что-то делала, то старалась делать это идеально. «А делать идеально просто так?.. Нет, лучше вообще не делать», думала она. Поэтому долгое время она старалась отметать от себя мысли о рисовании, к тому же чтобы рисовать, надо было покупать краски, принадлежности, и она уже забыла, как это делается. Так она пыталась сама себя отговорить от этой затеи.

Хоть Саша не рисовала уже много лет, в ней все ровно *это* было, и было всегда. В 5 лет, когда она выбрала в магазине самую дорогую куклу, не разбираясь еще в ценах. В 11, когда она решила, что хочет покупать одежду элитных марок, не зная еще о существовании этих марок (она не видела эту одежду на рынке в своем городе, но она видела ее на телеведущих, и видела разницу). Когда в музее ей нравилось разглядывать старинные картины, технику написания. Когда гуляя по старинному замку, она будто чувствовала жизнь тех людей, для которых этот замок был когда-то домом. Когда ее захватывало необъяснимое волнующее чувство при виде какой-нибудь старинной вещицы. Когда приехав первый раз в Италию, ее в первую очередь удивило и поразило огромное количество старых зданий, которых в ее стране практически нет, а ей так не хватало чувствовать и видеть историю.

Это всегда в ней было, хоть она никогда не придавала этому значения. Она всегда любила искусство в разных его проявлениях, но раньше только как зритель. Сейчас, ей хотелось творить…

В последнее время, какой бы фильм не включила, там так или иначе затрагивалась тема искусства; познакомилась на семинаре для журналистов с девушкой – оказалось, что она рисует. И многое другое было, что Саша решила, что это все знаки – ей надо начать рисовать! И Саша уже не могла больше сопротивляться своему желанию.

Она пошла в специализированный магазин (если что-то делать, то делать профессионально) и купила все необходимые для рисования принадлежности. Выйдя из магазина, она почувствовала дикую радость, что убедило ее в том, что это была хорошая затея.

Но, даже имея все для рисования, она долго не решалась начать. Как бы это странно не звучало, событием, вдохновившим ее, сесть, наконец, за мольберт стала болезнь матери. Саша долгое время пребывала в апатии, ее не сильно волновало, что у нее нет работы, что она ничем не занимается. И это печальное событие будто встряхнуло ее, она испугалась за себя и за семью. И решила, что все, пора всерьез все менять.

Но даже в таком отчаянном положении она и не думала о том, чтобы найти какую-нибудь обычную работу, и забыть про свои мечты. Наоборот, ее мечты стали еще смелее. Она решила стать художницей (хоть не знала еще, помнит ли она как вообще рисовать).

В тот вечер она узнала, что помнит. И почему люди говорят, что «идеалов не существует». Почему не существует, если она только что нарисовала идеальную картину?.. У нее есть друзья, которые идеально для нее подходят, когда она влюбляется в мужчину, он кажется ей идеальным со всеми своими недостатками. Идеалы существуют и они досягаемы (конечно, они у каждого свои). И в тот вечер Саша смогла достигнуть своего идеала в живописи.

XIV

У Саши было хорошее настроение с утра… Как обычно, за чашкой кофе проверяя почту, она увидела долгожданное письмо… Письмо было из университета, куда она подала документы и куда прошла прет отбор на Master in Diplomacy Studies. Она пять недель ждала от них результатов собеседования. И вот они были…

Отказ. Неожиданно. Она уже спланировала, каким образом она туда перевезет все вещи, выбрала у них на сайте, в каком кампусе будет жить, уже представляла свою жизнь в Бельгии и тут отказ… «Как так?! Что же теперь делать?..»

Было такое странное неприятное чувство внутри… Опять все ее мечты и планы рушатся… Она старалась держать себя в руках и не раскисать, в конце концов это не был университет ее мечты и изучать больше политологию ей не очень то хотелось. Но ей дико хотелось переехать в Европу!! Поэтому отказ ее так расстроил…

Саша не могла жить больше в этой стране. Последний год прошел так: дом, магазин, курсы английского, редкие встречи с подругой и две вечеринки. Живя тут, она следовала только определенным маршрутам, чтобы не сталкиваться с той, другой реальностью. И ей порядком уже надоело так жить – скрываться от людей, чтобы те не доставали дурацкими расспросами, почему она не работает, не выходит замуж и так далее.

Иногда она думала, что это глупо избегать старых знакомых, но недолгое общение с кем-то из не ее мира убеждало ее в том, что лучше и дальше их избегать. Но даже это было не выход.

Вот ее мать, в очередной раз, встретив кого-нибудь в городе из знакомых, кто уже замужем и у кого есть дети, рассказывала Саше потом с такой завистью и досадой о том, как те счастливы… Особенно бесили Сашу слова, которые она подбирала, чтобы описать это «счастье»:

– Ну все… Твоя Лена уже в порядке…

Сашу одолевала просто буря эмоций на такое, и она не могла даже выразить словами все свои мысли:

— Мг… Не дай бог такой жизни…

— А что, у нее плохая жизнь?.., с испугом спросила мать.

«Эм… Ну как бы, а что тут хорошего выйти замуж тут за какого-то местного аболтуса, родить и воспитывать ребенка в крошечной квартирке, без денег (я говорю о крупных деньгах, а не о сумме, которой хватает чтобы только сводить концы с концами), без перспектив?..»

Саша промолчала, все ровно мать ее не поймет.

И еще Сашина бабушка начала настоятельно рекомендовать матери начать искать женихов Саше, потому что «Саша уже старая»… «Скоро уже совсем не возможно будет кого-то найти…» И это в то время, как Саша только и успевала отбиваться от поклонников!

Ее мать и родственники считали главным счастьем выйти замуж (причем не важно, за кого) и родить детей. Саша же считала это худшим кошмаром, какой может только с ней случиться. Нет, не то, чтобы она вообще была против замужества, но считала, если выходить замуж, то по любви и естественно за очень успешного, умного и супер секси мужчину (и желательно, где-нибудь в Лондоне или Париже), а не за того, кто первый попадется. Но выйти замуж за кого-нибудь тут, родить в 18, 19 лет, и жить от зарплаты до зарплаты было худшей судьбой, которую Саша только могла себе представить. Нет, даже не так – она вообще такого не могла себе представить.. «Что, жизнь без прислуги?.. За ребенком самой смотреть всегда, без няни??» И когда он подрастет, представляется ситуация:

Он — не хочу в школу..

Саша – да.. ты прав, наша система образования абсолютно неэффективна.. ходить в школу – это реально пустая трата времени.. ну 90% времени проведенного там так точно…

Как-то так… Или врать всю жизнь детям?..

Один ее знакомый сказал ей (в ответ на Сашино желание уехать из страны), что когда женщина влюбляется, ей уже ничего не нужно больше, только быть с ним рядом и не важно, в какой стране. Это действительно было так… Когда Саша была влюблена, она забывала обо всем и была готова бросить все. Поэтому она была рада, что у нее никогда не складывались отношения с мужчиной – у нее не было повода забыть о своих мечтах. А может быть, все было наоборот? Отношения не складывались, потому что ее мечты были на самом деле для нее важны – она просто не позволяла себе хоть как-то осесть в этом «болоте».

И сейчас было самое время взяться всерьез за их реализацию. Саша представила, что также может пройти и ее следующий год… Тут в этом городе, без друзей, без работы, с постоянно женящимися соседями и знакомыми, и ей стало страшно… Она не готова была мириться, как в прошлом году, с такой реальностью. Она начала искать другие способы, как переехать. И подумала, может, ее не поступление и к лучшему?..

Она не хотела больше изучать политологию… Она не думала, что может узнать там еще что-то новое, но она хотела иметь диплом магистра в этой области, чтобы затыкать этим рот всяким комментаторам, которые в этой области нихрена не понимают, но считают нужным высказать свое мнение.

Саша считала себя хорошим специалистом, об этом говорила и ее книга, и статьи на уважаемых ресурсах, и награды. Но этого было мало – в этой стране всем нужны «корочки». Например, ее не могли взять на работу в исследовательский центр, потому что она всего лишь бакалавр. Саша не понимала, почему они взяли к себе девушку, которая изучала политологию всего полтора года в магистратуре (по первому образованию она лингвист), в то время как Саша изучала ее, пусть и на бакалавриате, пять лет.

Поэтому, для того, чтобы каждый раз при приеме на работу, или просто высказывая свои мысли в статье, ей не надо было доказывать свою проф. пригодность, она хотела просто получить эту степень мастера, хоть она практически ничего не давала в плане знаний, но давала многое в плане карьерных перспектив.

Но.. видимо, не будет у нее никаких карьерных перспектив в этой области.. во всяком случае пока… Ну и ладно, она все ровно решила пока этим не заниматься… Может, вселенная дала ей, таким образом, шанс попробовать поступать в следующий раз туда, куда ей хочется?.. Или вообще не поступать…

В любом случае, в этом году она была в пролете. И надо было думать, что делать дальше. И, Саше ничего не оставалось, как начать реализовывать свой запасной план – быстро стать известной художницей, в первую очередь, за рубежом, таким образом войти в элиту, познакомиться с успешными, влиятельными людьми и самой стать частью этой элиты, начать зарабатывать много денег и все – жить, наконец-то так, как хочется.

И еще Саша сейчас как никогда хотела уехать жить заграницу… Потому что сейчас она как никогда четко понимала, чего хочет – успеха, настоящего успеха и профессионального развития – и понимала, что тут этого она достигнуть не сможет. Если она хочет получать в будущем миллион долларов в год, то глупо пытаться найти работу там, где ей максимум могут предложить полторы тысячи в месяц… Многие в этой стране любят говорить, что везде все одинаково и что и тут можно работать.. Ну работать то можно везде, но разница в том, сколько можно получить за одну и ту же работу в Беларуси и, например, в США……Саша была творческим человеком, а творчеством в этой стране точно не заработаешь. Интеллектуалы тут нищие люди. А успешность меряется местными публикациями, конкурсами, наградами, где публикуют и награждают они друг друга.

Понимая все это, Саше оставалось только ~~работать над своим английским~~ работать и совершенствоваться, и идти к своей мечте.

XV

Утро (14.00). Саша сидела в постели, пила утренний кофе и смотрела «Секс в большом городе». Завтрак был ее любимой частью дня – она могла спокойно насладиться хорошим фильмом и хорошим кофе.

Она любила завтрак, потому что это было начало. Она любила начала – начало дня, начало учебы в университете, начало курса, начало работы над чем-либо и т.д. – потому что начало давало ей ощущение того, что все лучшее еще впереди и все может пойти правильно.

Она не любила вечер, потому что это конец. В конце дня, учебы, курса, она не чувствовала облегчение, что все закончилось, она чувствовала неудовлетворённость собой, потому что многое из задуманного ей не удавалось сделать идеально. Она только и думала о том, что упустила, и как можно было сделать все иначе. И при этом она прекрасно понимала, что это только ее вина в том, что все пошло не так. И понимала она это с самого начала…

В то утро она не могла спокойно пить кофе и смотреть сериал. Саша четко решила в ближайшее время кардинально изменить свою жизнь (в этот раз уже точно), стать, наконец, миллионером. Она даже погуглила «как стать миллиардером?» (прочла где-то в журнале, что для того, чтобы достигнуть цели, надо метить немного выше цели) и нашла статью, в которой описывались характерные особенности людей, которые смогли заработать миллиарды с нуля.

Саша не нашла в себе и половины из этих качеств, но решила, что теперь они у нее будут. И одним из них было «невозможность сидеть на одном месте». Теперь ей действительно не сиделось на одном месте. Теперь она даже не могла спокойно пить утренний кофе.

Успех в делах ее друзей и знакомых, давление завистников (желание показать им, что она лучше их, во всем), все это стимулировало ее к работе. Она вспомнила статью в Cosmo о пользе врагов. В врагах и завистниках действительно много пользы.. Это мощнейший стимул добиться успеха – на зло всем недоброжелателям.

Саша села за работу, даже не допив свой кофе.

Раньше, она любила только все начинать… Читать какую-либо книгу, смотреть фильм, начинать учить английский, и как-то бросала все на пол пути… Ей хотелось «растянуть» удовольствие, чтобы любимые занятия не заканчивались. У нее раньше был какой-то непонятный страх, что дочитав любимую книгу, ей больше нечего будет читать. Сейчас она старалась бороться со своими страхами. И бояться действительно было нечего, ведь люди не перестали писать интересные книги, создавать хорошие фильмы, и нет предела совершенства в изучении иностранного языка.

За последние месяцы Саша быстро менялась. Теперь, ей нравилось все заканчивать – любимую книгу, учить английский, рисовать картину. Теперь ей хотелось видеть результат. И что было поразительным, если начинаешь активно работать, результат появляется буквально сразу.

Саша нарисовала уже несколько эскизов для Юриной коллекции. И она уже не могла остановиться, она всерьез решила заняться рисованием. Благодаря этому небольшому опыту, она поняла, что это то, что ей сейчас надо.

Ее недавно вдохновила история известной французской художницы из Беларуси – Нади Ходасевич Леже. Надя родилась в 1902 году в белорусской деревне. В семье было 8 детей, которые были вынуждены с малолетства работать. Но Надя всегда мечтала рисовать и уехать в Париж, чтобы там стать настоящей художницей. И у нее это получилось!

Пример Леже ее очень сильно поразил. Если она из таких условий смогла уехать в Париж и добиться своей мечты, то для Саши теперь это было просто вопросом чести. Ведь у Саши было в сто раз больше шансов реализовать свои мечты, и неужели она такой лох, что не справится с этим?

XVI

Вечер. Саша думала, какой бы сериал ей начать смотреть, все лучшие и наиболее популярные она уже видела. И просматривая в интернете рейтинг лучших сериалов, она вспомнила, как год назад один ее друг признался, что смотрит уже «ТА-КУ-Ю фигню...», потому как все нормальные сериалы он уже посмотрел.

Тогда она не обратила особого внимания на эти его слова, только подумала «зачем смотреть фигню?..», ей то с ее занятостью на тот момент – учеба, работа – не хватало времени, чтобы фильм хороший посмотреть, не то, чтобы сериалы и тем более фигню.

И вот сейчас она тоже начала смотреть «какую-то фигню» (хотя сериал оказался не так уж и плох). И отметила для себя: «вот она взрослая жизнь – свободного времени становится столько, что не хватает даже сериалов...»

Не думаю, что есть хоть один человек, у которого взрослая жизнь оказалась такой, какой он себе ее представлял. Я не говорю про исполнение желаний, я говорю о том, что повзрослев, все оказывается не таким, каким ты мог себе представить в детстве.

Например, когда ты ребенок, кажется что взрослый это тот, кто все знает и умеет. Еще и многие взрослые любят говорить, что они все лучше понимают, потому как, якобы с годами, появляется мудрость.. Повзрослев, ты видишь, что это не совсем так – сама по себе «взрослость» не дает каких-то особых знаний и умений.. (Она видела это по своим знакомым – некоторые вели себя в 25, как в 16, а некоторые в 16, как в 25…) Знания и умения приходят с опытом и с учебой… А если человек прожил скучную, заурядную жизнь, не достигнув ничего выдающегося, то вся его «мудрость», это плод его воображения… И Саша сдерживала себя, чтобы не сказать это кому-нибудь из знакомых, когда те пытались учить ее жизни. Или.. их опыт и знания могут быть реальными.. Но.. негативными, и не стоящими повторения.

Саша сейчас вспоминала, как в детстве кто-то из взрослых – учителя, родственники – глядя на какое-то поведение, все переживали: «Как ты будешь на работу ходить? Работу ведь нельзя прогуливать или опаздывать..» Ну.. начнем с того, что на работу можно вовсе не ходить.. Есть масса вариантов работы дистанционно.. «Как ты будешь, когда у тебя будут дети?».. И правда.. вообще не представляю.. Не буду делать детей! Или буду, когда у меня будет достаточно денег на «издержки» воспитания.

Вообще, жизнь очень непредсказуема… Саша смотрела профили друзей в «ВКонтакте» и не переставала удивляться... Что жизнь с людьми делает... Тот, кто подавал надежды в школе сейчас сидит «в жопе», а тот, кто не был кем-то примечательным в юности, сейчас живет где-нибудь заграницей и вполне успешен.

Саше очень нравилось взрослеть, и она совсем не понимала тех, кто ностальгирует по детству, ей это казалось, по меньшей мере, странным... Ведь как может нравиться такая жизнь, когда за тебя все решают, говорят что можно делать, что нельзя, когда у тебя, по сути, нет никаких прав?..

Почему-то для многих взросление это обязательства, скука, ограничения, для Саши это все было синонимами детства. Неужели другие не видят, что взрослея, ты будто становишься частью правящего класса?! Ты, наконец-то, можешь сам определять свою жизнь. Может, те, кому нравится детство, совсем и не хотят определять свою жизнь?..

На самом деле, нам кажется таким очевидным хотеть желать самостоятельности, хотеть желать власти, хотеть желать демократии... Но в реальности этого хотят лишь единицы. Большинство не прочь, чтобы был кто-то, кто будет за них все решать. И такое ощущение, что многие даже наслаждаются тем, что есть кто-то сверху – родственники, босс, президент – кто-то, кто будет постоянно подпорчивать им жизнь, ведь тогда у них появляется такая «сладкая» возможность постоянно на кого-то жаловаться.

Саше, в целом, нравилось взрослеть, но, все же, она замечала в себе и некоторые не очень приятные изменения – все чувствуешь не так чувствительно как раньше.. Например, ее было сложнее рассмешить… Она вспоминала, как в школе они с подругами смеялись до боли в животе не из-за чего.. и взрослые не понимали этого… Теперь она была одной из таких взрослых… И проблемы со сном… Теперь невозможно, как в детстве, просто взять и заснуть от усталости.. Мысли, много мыслей, сомнений, переживаний, которые мучают тебя до утра. Хотя с другой стороны, в этом были и свои плюсы… Теперь было гораздо сложнее ее обидеть, вывести из себя и довести до слез. Раньше, стоило только кому-то повысить голос или сказать что-нибудь обидное, и сдерживать слезы было уже невозможно. Сейчас надо было серьезно напрячься, чтобы дать волю чувствам. (Она прочла в журнале, что не проявление эмоций – смеха, слез – это очень плохо для организма, негатив и позитив все должно «выходить», поэтому, если в жизненных ситуациях, в общении, заплакать, будет не всегда уместно, она старалась плакать над фильмами).

На самом деле очень мало кто из взрослых ведет себя «по-взрослому».. Иногда поражает как взрослые мужчины и женщины могут обижаться друг на друга из-за глупости или поведение их иногда просто повергает в шок от своей неадекватности. И Саше все больше начинало казаться, что в этом плане подростки намного взрослее тех, кто называет себя «взрослыми». Подростки они честные, откровенные, незакомплексованные. Кто-то назовет это наивностью, но на самом деле, понимаешь с возрастом, что это и есть быть взрослым. Грубить, если хочется высказаться, а не сплетничать за спиной; говорить откровенно, а не увиливать, прикрываясь формальностью, и, в конце концов, просто жить своей жизнью.

XVII

Была метель и сильный ветер, который просто сбивал с ног. Обычно Сашу очень раздражала такая погода, но в тот день даже такая погода не портила ей настроение. С большим пакетом в руках, по дороге заваленной снегом, она быстрым шагом направлялась на вокзал. Она ехала к своей двоюродной сестре.

Они не виделись уже два года. У Саши раньше не получалось приехать, возникали неотложные дела, поездки. И останавливал ее тот факт, что на празднике соберутся все родственники. Она не особо любила семейные сборища, потому что чувствовала себя там чужой. Она и была там чужой. Они ее не понимали, она не понимала их. Саша с детства была другой, с другими взглядами.

С сестрой они были очень близки в детстве.. И поразительно, насколько далеки сейчас.. Они мало общались.. Теперь у них были уже совсем разные жизни и разные интересы, оттого и сложно было поддерживать дружбу. Сейчас у них не было ничего общего, только родственная связь, и общее прошлое.

И вот Саша села в автобус, она ехала к сестре.

Дома были родители сестры и ее ребенок. Ему уже был почти год, а Саша его только первый раз увидела. Он был такой забавный и смешной. И, конечно же, в тот вечер заговорили о том, почему Саша еще не думает выходить замуж и заводить детей. На что она ответила:

— Я вообще не хочу детей…

— Все этого хотят! — как бы, не воспринимая слова Саши всерьез, вскрикнула тетка.

И Саша вспомнила себя в 18 — тогда она считала, что уже хочет иметь маленького и хорошенького ребеночка. Но на самом деле это было не ее желание, а навязанный культурный стереотип – взрослея девушка должна хотеть стать женой и матерью.

В стране, где жила Саша было принято выходить замуж в среднем до 23 лет, даже пословица была «в 23 замуж иди, в 25 дома сиди». Поэтому ближе к этому возрасту большинство девушек, будто впадает в массовую истерию и старается «захамутать» хоть кого-нибудь, даже не особо важно кого, главное, чтобы одной не остаться и можно было постить фото «ВКонтакте» об их бесконечной любви и счастье.

Саша не понимала этих «традиций». Особенно ее бесило, когда какие-нибудь неудачники выказывали свою обеспокоенность по поводу Сашиного «семейного положения» – не замужем. Она вспомнила, как в день рождения ее подруги (ей исполнилось 19) один парень сказал, что она уже старая, что уже давно пора быть замужем, что возраст девушки для флирта – это 16, 17 лет и если она не выйдет замуж в 18,19 лет, она останется старой девой… И Сашу просто тошнило от этих воспоминаний, от этих парней и вообще от этой культуры.

Тут нежелание выходить замуж и иметь детей считается чем-то за гранью. Сейчас Саша часто вспоминала, как на одном семинаре, во время обеда один ее коллега также не воспринял Сашины слова всерьез (на счет того, что она не хочет детей) и с пеной у рта весь обед и даже после убеждал ее в том, женщина просто не может жить без детей, и 25 лет у нее в животе «начнет крутить».

Убедить его в том, что женщина нормальный человек без животных инстинктов, было невозможно, и Саша даже сказала, что может, она и передумает на счет детей потом (сказала это, чтобы он отстал) и только тогда он успокоился.

И вот, Саше было уже почти 24, а в животе пока ничего не «крутило»… И с каждым годом, она не хотела детей все больше. Она дико боялась беременности, потому что это поставило бы крест на ее жизни, на той жизни, которую она хотела.

Саше было непонятным, зачем люди только выбираясь из одной тюрьмы – учеба, родительская опека, работа – сразу же хотят загнать себя в другую – собственная семья, дети. Может потому что они не представляют себе другой жизни – свободной жизни? Или не знают, что с этой свободой делать…

Саше было очень тяжело жить в этой тоталитарной культуре. Здесь выбор был только между двумя тюрьмами – либо ты живешь «стандартной жизнью», как все, и не испытываешь внешнего давления, но испытываешь внутреннее, потому что приходится забыть про свои мечты и желания, либо ты живешь как тебе хочется, но испытываешь внешнее давление везде, потому что тут такую жизнь не понимают.

У Саши было второе. Жизнь в Европе очень изменила ее, там она узнала, что жить можно так, как хочется, а не так, как принято, и это было для нее настоящим открытием. И она выбирала первое. Она выбирала жить для себя. Она считала, что еще слишком молода для того, чтобы даже говорить о детях, не то, чтобы их рожать; что детей можно заводить только тогда, когда есть уже определенное состояние, чтобы обеспечить будущее детей – образование в лучших мировых ВУЗах, достойную жизнь, путешествия и т.д.

Ей было странно смотреть на своих бывших одноклассниц, которые родили сразу же после школы, потому что они сами были еще дети, сейчас они были точно такие же, как и в 15, они ничуть не изменились, не повзрослели, у них только появились дети.

Как правило, те, кто рожает в 17, 18 лет – это случайные беременности. И после рождения ребенка, как-бы чтобы, показать окружающим, что у них все супер, что ребенок только улучшил их жизнь. Они выкладывают множество фото с ребенком, пишут статусы типа: «Кто-то сказал такую глупость, что с появлением детей жизнь заканчивается… Моя только начинается – я снова играю в мячик и рисую, смотрю мультфильмы. У меня впереди детский садик и первый класс, первая любовь, выпускные экзамены... И я счастливая мама!».

Только на словах все боятся зависти, на деле же, все боятся жалости, а завистью все наслаждаются. Эти статусы выглядят скорее как отчаянный крик, как попытка оградить себя от жалости, сделать так чтобы все завидовали. Более честные мамаши скажут, что материнство – это скорее тяжелый труд, нежели счастье.

Саше было смешно читать подобные статусы, она еле сдерживала порывы, чтобы не написать: «Первая любовь, первые экзамены и т.д. еще впереди, только уже не у тебя, а у твоего ребенка!».

Ее бесила эта сакрализации материнства, разговоры о каких-то там инстинктах, о «безграничной» родительской любви. Человек может любить лишь только себя и тех, кто имеет к нему какое-либо отношение, то есть, по сути тех, кто является частью его. Детей рожают не потому, что инстинкт «сработал», а, либо они появляются случайно, либо родители хотят «продолжения себя». Она наблюдала за своими подругами, родственниками, знакомыми, и понимала, что материнство, как и бизнес – это способ реализации своих амбиций. Для женщины

– это способ проявить себя, свои таланты и успехи. И в большинстве случаев – это способ исправить на детях ошибки своей молодости.

Саша не понимала, почему хорошей матерью считается эгоистичная стерва, которая жизни не дает своему ребенку, следит за каждым его шагом, не пускает в подростковом возрасте в клубы, веселиться с друзьями и полностью определяет его жизнь. Считается, что она заботится о ребенке... Но неужели никто не видит, что она больше заботится о своем имидже «идеальной мамаши», чем реально о ребенке!

Саша недавно прочла в журнале интервью Лив Тайлер, где она упомянула, что сейчас вся ее жизнь подчинена сыну и каждое решение она оценивает с позиции: «А как будет лучше для него?». Саша не считала это подвигом, это банально жить для кого-то. Гораздо сложнее, жить для себя.

И она уважала таких людей, как Коко Шанель, Джордж Клуни и всех, кому всегда было плевать на общественное мнение, кто хотел жить и жил собственной жизнью, с детьми или без них. Это очень тяжело, и надо быть неимоверно сильным, чтобы себе такое позволить. И Саше хотелось верить, что ей хватит уверенности в себе и внутренней силы, чтобы быть такой.

XVIII

Саше предложили поехать рисовать на две недели в Карпаты и потом участвовать там в выставке, в весьма престижной выставке, вместе с другими известными художниками. Это ее дико радовало. И первую же ее картину купили, что убедило ее в том, что она талантлива, и в том, что если делать то, что нравится, это обязательно будет приносить прибыль.

«Поразительно, – думала Саша, – кажется, эта стратегия – перестать напрягаться и искать чего-то, а вместо этого расслабиться, определиться чего хочешь и просто ждать этого – действительно работает. Главное поверить, что ты можешь достигнуть всего, чего хочешь. Это постоянно твердят психологи в статьях в журналах, по телевизору и т.д. Но никто не воспринимает их слова всерьез. А ведь это – правда! Главное – поверить в себя, как бы банально это не звучало».

Биографии звезд и фильмы убеждают нас в том, что чтобы получить желанное, надо тяжело работать, пройти через унижения, боль и непонимание. Саша прошла через все это, прежде чем на собственном опыте поняла, что желанное в большинстве случаев приходит совершенно случайно. И вообще все в этой жизни совершенно не так, как кажется.

Саша начинала рисовать просто для себя, для удовольствия. Она и подумать не могла, что это занятие, сможет ей приносить доход, или что у нее в этом деле будет успех… И вот успех был. И сразу. Сейчас она чувствовала себя такой счастливой, когда все у нее шло по плану, она вспоминала как еще недавно мать надоедала ей вопросами, видя Сашу за рисованием:

— Ну и что это тебе даст?..

«Что, что?! Удовольствие от работы…», раздраженно думала Саша. Сашину мать интересовали только те занятия, которые могут приносить прибыль… Да и Сашу, тоже, только она понимала, что для того, чтобы был успех, надо в первую очередь делать то, что нравится и вложить в это дело силы, деньги и время…

В ее стране был более популярным другой подход к успеху... Тут люди предпочитают не рисковать. А именно, они не идут учиться на ту специальность, которая нравится, а выбирают ту, что перспективнее; они не открывают свой бизнес, а предпочитают идти работать уже в готовую организацию; они не выбирают вообще какие-то сомнительные занятия типа рисования... И Саша тоже, до недавнего времени не думала этим серьезно заниматься, но, как оказалось, «сомнительные» занятия могут приносить не только радость, но и деньги. Сейчас она думала, что быть художницей – это, пожалуй, именно то, что ей сейчас было нужно.. Работа, которая доставляет не только удовольствие, но и деньги и свободный график, который подчиняется только Сашиному настроению.

Саша представляла, какой будет реакция ее «друзей» в фб, завистников, родственников, знакомых, когда они узнают о выставке. «Наверняка, позеленеют от зависти!» И от этой мысли ей становилось радостней на душе. Хотя глупо конечно... надо что-то делать, не обращая ни на кого внимания, делать что-то, потому что ты этого хочешь. Но реакция конкурентов, точнее отсутствие реакции, говорит громче любых слов, что ты лучший и это вдохновляет работать без перерыва и добиваться успеха, настоящего успеха.

XIX

Подруга написала в скайпе:

Vika

сегодня заметила, что женя удалил меня из друзей на fb) удалил на днях... теряюсь в догадках почему..

Sasha

....

бля... это пиздец когда удаляют те, с кем все норм и вроде как блятьнахрена удалять............

Vika

ну!

тем более сейчас

ладно если б тогда, еще можно было бы понять

но сейчас...

Sasha

а сейчас вы общаетесь?

Vika

неа, сто лет уже не общались и не виделись

Sasha

тогда не знаю.. может решил типа забыть... я всегда выясняю у мужиков почему они меня удалили))))

Vika

я вот думаю, написать спросить в чем дело. не ответит, пошел в жопу тогда. ну просто это реально очень странно!

Sasha

ну.. он вряд ли те ответит что-то внятное... он малой... а мне макс тоже... пока не удалил) но перестал читать мои сообщения.... пиздец просто что... тогда вот мне показалось, что он будто бы зол.. но это я должна злиться.. не писал мне сам скока и я.. (полторы недели) написала позавчера.. постоянно онлайн но не читает даже.. это что-то новенькое...

Vika

это какая-то мужская фишка по ходу, потому что женя раньше тоже так делал) я не знаю, как это объяснить... они вроде как и не против с тобой потусить, но когда что-то предлагаешь начинается какая-то хуйня непонятная

Sasha

ахахахаха ага точно!!! Блять Макс точно зол был... но блять на что??????? тока если он мой пост прочел в фб.. (я там сказала типа одна сука сегодня сказал что занят, а сам тусил, типа ненавижу и все такое) но блин.. если б прочел.. должен был радоваться......

тогда он сказал типа на выходных не выйдет потусить.. я написала что расстроена, он "хотя давай" "не" "это не тебе"   не ну это случайно????? спеццом так сделал...

Vika

это непостижимо! их логика - пиздец!

Sasha

а на счет удаления.. это у каждого свои блять загоны..

меня удалил самохвалов.. пиздец... он мне нравился.. нормальные отношения... я написала спросила.. говорит типа удалил за безмерное кол-во депрессивных статусов...

андрей после статуса "хочу секса" удалил.. типа что не может спокойно читать мои статусы..

Vika

....

я не знаю как это все объяснить, по-моему все же наоборот должно быть...

Sasha

ну)) ахахаха))) это у них все наоборот..

Vika

ну

Sasha

в контакте тока никто не удаляет)) там никто не пишет друг другу, за то следят за жизнями других))

Vika

контакт зло)

как и fb)

Sasha

ага)

но макс по поведению явно злится.... и хоть мне логика говорит, что злиться не на что... если он меня игнорит, значит я ему не нравлюсь... но чувствую что все наоборот...............

а злиться на что эти идиоты найдут

Vika

вот как меня это бесит, что люди обижаются и не говорят на что! бля, неужели это так сложно сказать прямо, что тебе не нравится?!

Sasha

ну... еще говорят что женщина обидчивая.. типа обижается не пойми на что.. эти так пойми на что...

Vika

Вот как раз таки женщины чаще высказываются, на что они обижаются, правда в большинстве случаев это происходит в виде истерики или чего-то подобного, но все же))

Sasha

ахахаха)) ну не говори)))

Девушки пришли к выводу, что мужской логики не существует. Хотя.. наверно она есть.. но уж очень сложно ее понять...

XX

Утро. За кофе Саша просматривала Cosmopolitan. Она вспомнила, как на одном семинаре для журналистов ее коллеги очень удивились, узнав, что Саша пишет книги по политологии и читает Cosmo. Они считали это пустым журналом для блондинок, в котором пишется только о сексе.

«Я не понимаю, что там можно об этом столько лет писать?!», удивлялась одна из коллег. «О, поверь...

можно…», подумала Саша, разглядывая мануальные техники в разделе «СексSex».

Наверное, этот журнал никогда не перестанет быть популярным – ведь тема «Ты&Он» никогда не будет полностью раскрыта. Но Саша любила этот журнал не поэтому. Там было множество полезных статей, например «Как справиться со стрессом?», «Как добиться цели?», советы по здоровью, красоте, карьере, вдохновляющие истории о стартапах и пр.. И ее очень удивляло, что кому-то мог не нравиться этот журнал, и еще более странным было то, что они считали себя как бы выше всего этого. В журнале описывается реальная жизнь, обсуждаются реальные проблемы, реальные истории. И они выше этого?! Выше реальной жизни?!

Она вспоминала себя еще пару лет назад… Она думала, что если как можно больше времени и сил уделять учебе/работе, то непременно будет успех… Но все не так. Время, потраченное на какое-либо дело, никак не гарантирует успех этого дела. На самом деле, любой учебный или рабочий проект, будь то изучение иностранного языка или открытие новой фирмы, можно сделать очень быстро, было бы желание, хоть это звучит и банально. Но когда этого не знаешь, любой проект может тянуться и годы… Саша сделала это открытие на двухнедельных курсах литовского языка, от университета. Для нее было шокирующим открытием узнать, что за две недели можно выучить то, что ей не удалось выучить за семь лет в школе (французский язык, который она тоже потом учила на курсах).

Тоже самое и с работой – все можно сделать легко и быстро, а многое и вовсе не стоит делать...

Когда Саша училась в университете, она по глупости выполняла все задания, которые давались, даже дополнительные, за которые не ставились оценки. Ей казалось, что это будет для нее гораздо полезнее, чем «заниматься ерундой» – смотреть фильмы, отдыхать с друзьями. Но вот прошло пару лет.. половину из прочитанных текстов она не помнила... Да что там половину, она не помнила практически ничего! Но за то помнила, каких усилий это ей стоило... Так вот стоило ли это того? На финальную оценку это никак не повлияло.. знаний у нее не прибавилось... Возможно, стоило уделять учебе меньше времени, больше развлечениям?.. Это сделало бы ее счастливее... (Хотя уж в чем в чем, а в развлечениях она себе не отказывала..)

Глупо, когда учеба, то есть, по сути, то, что должно нам облегчать жизнь, подготавливать к жизни, глупо, когда это становятся смыслом жизни, а жизнь отходит на второй план. И то же самое с работой.. Глупо, когда то, что должно быть средством существования становится самим существованием. (Хотя не глупо, если это доставляет удовольствие). Ей это казалось сейчас таким очевидным и казалось странным, что другие этого не видят.. Более того, удивляются, что она читает космо..

Вообще, Сашу страшно бесили всякие ботаны-неудачники, которые добились максимально высоких результатов в учебе, но нулевых результатов в жизни, и, тем не менее, считали себя афигенно крутыми и смотрели на других со снисхождением.

Но Саше было все ровно, у нее были уже определенные достижения в работе, и она могла позволить себе быть собой, не думая о том, как это повлияет на ее репутацию. Ей так казалось.. Что теперь люди уж точно не усомнятся в ее профессионализме.. Но были те, кто, то ли не верил, то ли не понимал достижений Саши.. Зато Саша поняла, что глупо делать что-то (читать космо или писать научные статьи) оглядываясь на кого-то. Глупо делать что-то только для того, чтобы оценили другие. Другие могут не понять и не оценить, да и какая разница, что там другие думают? Многие относятся к мнению окружающих, большинства с осторожностью.. Ждут одобрения, лайков и думают если то, что я делаю «не нравится» друзьям и знакомым, значит – у меня нет шанса на успех. Но все это (отсутствие, присутствие лайков) не имеет вообще никакого смысла, если ты делаешь что-то, потому что хочешь делать, а не чтобы что-то кому-то доказать. Иногда отсутствие лайков от друзей и знакомых это и означает, что ты делаешь что-то необычное, и возможно, что-то стоящее. Большинство друзей на самом деле являются «друзьями» только до тех пор, пока ты ничем не выделяешься.. Но вот если у тебя появляется хоть малейший намек на успех.. Мало кто из «друзей» это может вынести.. Раньше когда Саша была в глубокой депрессии долгие периоды и могла жаловаться часами по телефону своей подруге.. Она поражалась ее «терпению» – «Какой же она хороший друг!», думала тогда Саша. Но со временем, когда она изменилась и уже меньше жаловалась, а больше говорила о перспективах, о том, что собирается делать и каких результатов намерена достигнуть – вот что может дать трещину дружбе!

Саша со временем поняла, что не стоит беспокоиться, если лайк в фб означает, всего лишь, лайк в фб, а не, например, предложение по работе, когда тебя замечает тот, кто действительно может тебе помочь – как-то поспобствовать твоему успеху.

XXI

Утро. Саша сидела на кухне и общалась с другом Макса. За несколько минут общения он ей рассказал о нем все.. все плохое… (хотя Саша не спрашивала). Выдал, что тот показывал ему их личную переписку, что говорил о ней.. В прошлый раз он ей рассказал все про другого их общего друга, а Саша только думала про себя – вот она мужская дружба…

Мужчины часто шутят что женская дружба и не дружба вовсе… Выходит, настоящая дружба это гнать за глаза друг на друга… Потому как все мужчины так делают… Особенно подростки (а парни до 25, в большинстве случаев еще подростки).

Саша представила, если б о ней так плохо говорила ее лучшая подруга.. и не могла себе такого представить, своим немногочисленным подругам она доверяла на все 100%.

И Саша не переставала удивляться, какие подробности мужики могут выкладывать о своих друзьях.. Даже если они не говорят ничего плохого, они могут выложить слишком личное. Когда Сашина подруга узнала, что ее парень показывал всю их личную переписку своему другу (этот друг рассказал), она была в ярости! И когда пыталась разобраться, почему же он все таки бросил ее, с возмущением писала Саше:

«Блин, совсем не понимаю… Ай, хер с ним, поступлю как они…»

Саша не знала, что и думать, что имеет в виду подруга.. она представила себе худшее… «Как и они»… Саша еще недавно посмотрела фильм итальянский, где обозленные на мужиков женщины, решили вести себя также как и они.. не пропускать ни одни штаны… Пока Саша терялась в догадках, подруга скопировала ей письмо.. его письмо.. Сашу это рассмешило.

Еще Сашу смешило то, каким способом парни пытаются избавиться от конкурентов и добиться желанной девушки… Способ один – заложать всех конкурентов. Саша думала, как умно и мудро ведут себя в этой ситуации девушки.. Они стараются с врагом подружиться… Если Саша видела к себе чрезмерную дружелюбность со стороны малознакомой девки, она знала.. та явно считает ее угрозой.. И девушки никогда не будут напрямую говорить гадости о той, которая нравится парню, потому как они знают, это только отдалит его. Правильней наоборот.. давать ему советы, как с ней наладить отношения… Это запудрит ему мозги и поможет с ним сблизиться.

Саша не переставала удивляться, как же глупо в такой ситуации ведут себя мужчины…. Саша некоторое время обсуждала свои отношения с одним коллегой, с которым она дружила. Она думала, что мужчина может помочь ей разобраться в мужской психологии… Но нет… Скорей наоборот.. Чтобы она ему не сказала о своем парне, тот все ровно, по его словам, был козел… Саша по наивности не сразу поняла причину его ненависти ко всем Сашиным ухажерам… Саша считала его свои другом, но оказалось это дружба была не совсем дружбой… Сашу очень бесило такое мужское поведение. Она даже написала об этом у себя в статусе, что если мужики так хотят к ней подкатить, пусть сразу и говорят об этом, она скажет им «нет», на этом и закончат. После чего, у Саши стало гораздо меньше «друзей».

XXII

Иногда, когда Саша слушала разговоры, точнее некоторые упоминания о сексе со стороны ее родственников/друзей, возникали вопросы.. Как же они вообще относятся к сексу? До сих пор считают это неприличным?

Вообще, в ее стране было довольно противоречивое отношение к сексу… С одной стороны считается, что заниматься сексом это нормально, это хорошо, это полезно для здоровья и ничего в этом постыдного нет… До тех пор, пока речь не идет о его реальном воплощении…

По сути, нормальным, не стыдным считается только секс после брака (для девушек), или же, в крайнем случае, для того, чтобы заниматься сексом, надо быть с парнем «в отношениях». Даже если эти отношения не серьезные и длятся всего пару недель, все ровно они как бы «легитимизируют» секс. И даже в этом случае люди не могут свободно и открыто говорить об этом…

Вот из-за такого противоречия – со одной стороны, секс, сексуальность это хорошо, с другой, заниматься им неприлично – получается много недоразумений… Например, девушки, чтобы привлечь внимание парня (только привлечь внимание!) одеваются как можно сексуальнее и вызывающе, просто потому что выглядеть сексуально – это круто. Парни понимают это так, что раз девушка одета так вызывающе, явно для того, чтобы найти себе партнера для секса. Но оказывается, что вовсе нет… Девушка может и выглядеть вызывающе и вести себя вызывающе, но не заниматься сексом при этом, потому как быть сексуальной – круто, а заниматься сексом с кем попало – неприлично.

На самом деле, в этом противоречии виноваты сами мужчины… На словах, они считают, что секс –

это нормально, но на деле, хотят себе для отношений девушку с как можно меньшим сексуальным опытом... Потому как, вроде как секс это и нормально... Но, все-таки... И при этом они оценивают женскую сексуальность, каблуки, мини юбки, декольте... Вот.. а девушкам приходится разрываться между этими двумя стереотипами.

Саша сейчас часто вспоминала, как еще на первом курсе на студенческой вечеринке ее однокурсница сказала: «Так секса хочется...». Сашу очень удивило то, что она может свободно говорить такие вещи малознакомым людям и более того, она может свободно ими заниматься... Тогда для Саши это был шок, но сейчас она думала: «ну и правильно она делала». Саша больше не относилась к сексу как чему-то такому.. неприличному... И не осуждала чужой секс, потому что личная жизнь кого-либо – это исключительно его личное дело и тут нет места осуждению.

XXIII

Саша просматривала профиль своей бывшей одноклассницы в социальной сети. Позабавило множество статусов типа «годы идут, а дурь на месте».

Было смешно это читать, потому Вика всегда была очень примерной девочкой, никогда не смела ослушаться учительницу в школе, прогулять уроки, и вообще, нарушить правила. Удивительно, что безумными считают себя наиболее прилежные, хотя максимум на что они способны – это напиться с подружкой, и то, не сильно.

Саша не видела ее уже много лет, и вот случайно нашла ее «ВКонтакте». Судя по скучной обычной жизни, которую она вела, ничего не изменилось – она все еще не нарушает правила.

Когда Саша была еще школьницей, она считала, что если просто четко следовать некому алгоритму действий – хорошо учиться в школе, не совершать никаких сумасшедших поступков, затем хорошо учиться в университете и т.д., все будет хорошо.. и именно так можно добиться успеха... Просто следуя определенным правилам. И ей казалось странным, когда люди, зная эти правила, все ровно совершали «ошибки». Например, когда она смотрела исторический фильм, про времена, когда за секс до брака можно было полностью потерять свою репутацию, Саша не понимала, так почему же они все ровно занимались сексом?!

Она смотрела это и думала, что у нее в жизни все будет «по плану», все будет идеально и без ошибок. И только когда выросла, поняла, как это бывает… Что иногда просто невозможно не совершать ошибок.. да и ошибки ли это вообще?..

На самом деле, следование общепризнанным правилам ни на грамм не приближает к успеху, и Саша долго не могла понять, почему?! Но быть «идеальным» – отличником в школе, в университете, быть примерным работником, приличным человеком – все это подразумевает четкое следование каким-то идеалам и правилам.. придуманным кем-то.. А те, кто это все придумал, явно не продумал путь для остальных в этот «круг избранных», кто может придумывать правила и вести такой аморальный образ жизни, какой захочется.

Сейчас Саша понимала, что быть отличником, примерным гражданином, значит иметь гарант того, что у тебя будет обычная заурядная жизнь, потому как если человек стал таким «идеальным», значит, сумел подстроиться под все правила, продиктованные кем-то выше, значит своих собственных правил, мыслей у него нет.. И люди, зацикленные на том, чтобы всегда быть первыми, как правило, боятся сделать шаг в сторону, чтобы не ошибиться. А чтобы иметь в чем-то успех, настоящий успех, который меняет твою жизнь, а не дипломы и сертификаты, надо не бояться быть непонятыми, ошибаться и рисковать.

Поэтому, чтобы добиться реального успеха, нужно искать свой путь, иногда нарушая правила. Нужно понимать, что правила когда-то кем-то созданные, будь то правила приличия, установившиеся правила преподавания, да и вообще, любые правила со временем устаревают и нуждаются в «обновлении», в адаптации к новым условиям жизни. А многие правила вообще тупые и не имеют абсолютно никакого смысла, но соблюдаются, потому что традиционно все их соблюдают и не задумываются о смысле этих правил.

«Если бы я соблюдала все правила, я бы никогда не добилась всего этого», говорила Мерлин Монро и была права. Наиболее успешные, богатые и талантливые люди, которые смогли изменить этот мир, были вполне «заурядными» хорошистами (Альберт Эйнштейн, Уинстон Черчилль и т.д.). Стиву Джобсу отсутствие университетского диплома не помешало построить «империю соблазна». Не следование общим правилам приводит к успеху, а следование своим собственным. И именно это и стало гарантом их успеха.

XXIV

В разговоре Сашина подруга упомянула, что ей было б очень интересно узнать о жизни своего отца до нее.. Узнать, почему он женился на ее матери, как они познакомились и так далее.. Было как-то странно это слышать, потому что отец то ее находился в соседней комнате.. Почему бы просто не пойти и не поговорить с ним?.. Но, с другой стороны Саша ее понимала.. О таком не говорят вот просто ни с того, ни с сего.. Люди вообще почти не говорят друг с другом о самом личном, о том, что их действительно волнует. Удивительно, почему разговор – это так страшно? Почему так сложно рассказать о том, что тебя действительно волнует? Такие откровенные разговоры бывают только в кино.

Саша вспоминала, как в детстве ей казалось непонятным, когда весь фильм «нудят», а в конце «открывается» какая-то истина в немой сцене.. Только сейчас она понимала, что это и есть настоящее искусство – показать кино, как реальность. В реальности никто не говорит ничего прямо, все проявляется через действие. И Саше тоже было проще написать свои мысли в виде рассказа и дать прочесть другу/парню еще кому-либо.. Особенно так было проще с мужчинами, которые вообще не любители поговорить начистоту.. (Саша выслала как-то свой рассказ парню, надеялась, может, это вдохновит его тоже написать что-то.. может даже роман… если он не может поговорить с ней вживую..) Сашина подруга обрубила все ее надежды: «Ага.. Он те на сообщение в контакте ответить не может, а ты хочешь, чтоб он те роман написал…».

Жаль, очень жаль, что разговор напрямую считается таким странным и всех пугает. Хотя на самом деле, может быть, некоторые вещи и не стоит говорить вслух.. они и так понятны... Но.. все же часто из-за своих страхов и сомнений люди упускают очень важные вещи, возможно, которые могли бы изменить их судьбу.. стоило лишь прямо сказать о своих чувствах..

XXV

Статус в Facebook. Саша позволила себе высказаться в поддержку американского аналитика, который сказал, что наиболее выгодно для строительства демократии в Беларуси будет сотрудничество ЕС с руководством страны.

Саша была очень удивлена увидеть подобные комментарии от западных аналитиков, и подумала, что наконец-то хоть кто-то из них адекватно оценивает ситуацию в этой стране, о чем и написала в своем статусе.

Конечно, сотрудничество еврочиновников с властями вряд ли могло как-то сильно повлиять на политическую ситуацию внутри ее страны (она считала, что причина отсутствия демократии тут кроется в культуре), но, все же, сотрудничество было лучше, чем бездействие, это давало перспективы экономического и культурного развития страны.

Она прекрасно понимала, какие могут последствия подобного высказывания – на нее набросятся все – ее друзья, бывшие коллеги, и просто знакомые, потому что такие заявления, о сотрудничестве с «крывавымрэжымам» в определенных кругах воспринимаются чуть ли не как предательство родины. И все-таки, она рискнула открыто сказать то, что думает. В конце концов, настоящие друзья должны принимать ее такой, какая она есть.

Она сделала это не столько для того, чтобы высказаться о своих политических взглядах, сколько для того, чтобы просто высказаться.

За последние месяцы она быстро менялась. Она старалась теперь всегда прямо и открыто говорить то, что думает. Раньше она такого себе не позволяла.

Люди вообще редко позволяют себе высказываться прямо – боятся последствий, что о них будут плохо думать другие и т.д. Но на самом деле, от того, что ты скажешь, мнение о тебе окружающих не изменится. Люди судят о людях не по их поступкам или словам, а через призму своего отношения к ним. То есть, если скажешь глупость, но тебя считают авторитетным человеком, в твоих словах непременно найдут смысл. А если ты молодая и красивая девушка, очень сложно доказать, что ты не просто пустая блондинка. Хотя когда начинаешь говорить прямо то, что не принято говорить.. То, что обычно говорят только за спиной, вот что в действительности всех пугает.. Откровенность.

Сейчас, спустя время, Саша думала, как глупо вообще переживать из-за постов в фейсбуке.. Подумают о тебе люди плохо или не подумают.. Какая вообще разница, что будут думать о тебе посторонние люди, которые никак не влияют на твою жизнь?..Люди боятся испортить имидж, «потерять» лицо, но на самом деле, только говоря то, что думаешь, и делая то, что хочешь делать можно его обрести…

Часть 2 Сны

I

Саша сидела на скамейке, задумчиво смотря на воду и на дома, которые находились на противоположном берегу. В руке ее был бумажный стаканчик с кофе и на лице ее была улыбка, которую она пыталась подавить, чтобы прохожие не думали, что с ней что-то не так, но радость настолько переполняла ее, что она была не в силах этого сделать. Она допила свой кофе и направилась вдоль набережной, затем пройдя через парк, она вышла к зданию, на двери которого зелеными буквами было написано Smack Mellon gallery.

Она зашла в него. Тут было довольно много людей, которые были заняты оформлением помещения. Здесь открывалась первая ее выставка в Америке. Здесь в Бруклине, как она и мечтала всего полгода назад.

Началом ее «полноценной», так скажем, карьеры художника стало решение организовать выставку в Лондоне. Хотя, наверно, началом было решение начать расти и развиваться в этой области. И она попробовала отнести пару своих работ в галереи Минска. Поначалу, эта идея казалось ей сомнительной, такой она, в общем-то, она и была..

Саша посмотрела сайт одной крупной столичной галереи… Как ей показалось – работы очень слабые и фантазии у художников нет совсем. Тематика работ – в основном беларусские пейзажи и натюрморты, где изображены цветы. В разделе «Другое» почти ничего нет, а то, что есть – полная ерунда. Саша по наивности подумала, что в таком случае ее работы будут там точно приняты. Она не была еще достаточно профессиональным художником, она это понимала, но посмотрев сайт галереи, она поняла, что там профессионалов тоже нет.. Но ее работы хотя бы были яркие и красивые, а не серые и странные, как там…

Но.. не важно, какими были ее картины, на них даже не стали смотреть, так как она не была в Союзе художников.. Поразительно, в этой стране даже искусство бюрократизировано – нельзя просто рисовать картины и носить их в галереи, надо сначала закончить академию, потом получить официальное «удостоверение художника».

В другой галерее (частной), на ее работы не захотели смотреть, так как у нее не было академического образования, а они там выставляют «только лучших, из лучших и тех уже некуда девать, стоят там годами». У Саши это вызвало противоречивые чувства – она увидела на полу (да, картины там стоят на полу) картину, которую увидела на днях в сети в профиле одной женщины художницы..

Она еще подумала: «Ну, женщина явно нигде не училась и просто для себя рисует»… А оно вот как…

Пока Саша там ходила по галерее, она услышала разговор управляющей галереи со студентками художественной академии. Они обсуждали картину одного признанного в Беларуси художника, который учился этому мастерству 30 лет (преподавателя этих девушек).. «Ну посмотрите, что он нарисовал.. Вообще позорище…», – и девушки с ней согласились.. Вот так вот.. А Саше она посоветовала еще подучиться…

Поэтому Саше ничего не оставалось, как организовать выставку в Лондоне.. Там не только отвечали на ее письма, но и оценили работы.. Так и началась ее карьера художника. Ну и сразу по приезду в США, Саша занялась организацией своей первой выставки здесь, что было уже довольно легко, так как она сделала уже себе определенное имя в сфере искусства.

Саша приехала в Нью-Йорк, чтобы учиться на писателя. Хотя и в этой сфере у нее уже были определенные успехи. За несколько месяцев до отъезда в США, была издана английским издательством первая художественная новелла Саши. Издать текст в Беларуси оказалось невозможным. Она вспомнила тогда, как при поступлении в Нью-Йоркский университет она написала, что у себя на родине она писать не может.. Это было не совсем правдой.. Писать то она могла, но вот издаваться и быть писателем вот что было тут невозможно..

Сразу Саша выслала свой текст в одно крупное издательство в Минске. Те ответили на первое письмо и попросили перезвонить, но на звонки почему то не отвечали, как и на дальнейшие письма.. Она бы послала текст в другое издательство, если б оно было... В Беларуси мало издательств, которые публикуют очень ограниченным тиражом уже распиаренных авторов, за деньги автора, ну и естественно о каком-либо значимом гонораре речи не идет.. Тут невозможно хоть что-то заработать с писательства.. Поэтому Саша решила заработать с этого в другой стране.. Она уехала из Беларуси не потому, что там была «диктатура», а потому что там не было рынка.. Там нет перспектив роста и развития. И она уехала туда, где они есть.. И вот будучи еще студенткой 1 курса Саша уже имела предложение издать книгу в США...

Этим то, ей и нравилась жизнь в Америке. Тем, что тут было все на своих местах. Если ты талантлив – это обязательно рано или поздно будет кем-то замечено; если ты умен, то обязательно будешь успешен в бизнесе, в работе; если ты красив, то 80% вероятности ты сможешь найти работу в сфере фешн/кино индустрии.

В Беларуси же было все наоборот... Если ты талантлив, то тебя будут все ненавидеть и шансы на успех у тебя 0, шансы на «успех» (в кавычках, потому что настоящего успеха тут и быть не может) имеют только всякие заурядности; если ты умен, то 80% вероятности, что ты уедешь из этой страны.. Ну а красота тут вообще ничего не решает.. разве что привлекает всяких идиотов.

Саша не могла жить в этой стране – было постоянное чувство, то ли вокруг все помешались, то ли это она какая то странная. «Люди, вы где в каком веке и в каком мире живете?!», думала чуть не каждый день Саша, когда общалась с кем-то из родственников или знакомых. Вот бабушка беспокоится, ходит ли Саша на дискотеки.. «Надо же жениха искать..» Соседка хвастается своей невесткой, тем, что та родила уже второго.. Ей всего 23, а у нее уже старший сын в школу пошел... «Мир сошел с ума?..» – был немой вопрос на лице Саши. Она ничего не отвечала на все эти новости, которые ей рассказывала мама, она просто молча шла садилась за работу... Ей было реально страшно.. Страшно от мыслей, что она может застрять тут надолго.

Сторонники перемен в этой стране часто говорят, что везде все одинаково, типа в Европе жить будет совсем не лучше или что-то вроде: «Вместо того чтобы ныть как тут все плохо, ты возьмись за дело и построй ту реальность вокруг себя, которую ты хочешь видеть!» Ну, звучит как бы логично.. Но вот взять конкретную ситуацию… Сначала Саша хотела быть моделью.. Этот бизнес в этой стране вообще не развит.. Модель в Беларуси – это в лучшем случае работа раз в год на фешен уик, а в обычном случае – хостес в клубах, ну или вообще нет работы. Ну и что тут можно поменять?

Далее Саша хотела быть журналистом… Журналист в ее представлении, в представлении многих школьников, которые еще только выбирают свою будущую профессию – это что-то престижное, в зарубежных фильмах журналисты показываются состоятельными, успешными людьми, которые являются «гласом народа» и пишут о серьезных проблемах, например, раскрывают депутата коррупционера и далее в таком духе..

Попробуй в беларусском СМИ раскрыть депутата коррупционера……… Больше вообще писать ни о чем не захочется… Да и о чем вообще писать в стране, где главная новость сбор урожая, а в независимых СМИ какие-то терки между оппозицией. Тут просто ничего не происходит! Скучно! И анализировать (Саша писала аналитику) тут тоже особо нечего.. все и так ясно.. Саша решила остановиться выбирать профессии тут и решила начать выбирать страну..

Долгое время она была влюблена в Париж, но все никак не получалось туда уехать учиться или на стажировку. И тут она, наконец, поняла, после просмотра сериала «Сплетница», что вот она – жизнь, которую она хотела! И это не Париж.. Это Нью-Йорк! «Секс в большом городе» и «Сплетница» – вот идеал ее жизни, и она была готова бороться за этот идеал.

И вот она стояла на крыше здания, где только что успешно закончился вечер открытия ее выставки.. Она смотрела на огни города на противоположном берегу и была счастлива как никогда. Ее мечты сбывались, и все лучшее у нее еще было впереди. Она стояла там и думала, как покорит Манхэттен, какой будет ее жизнь в новом учебном году, чем она займется еще кроме живописи и написания текстов и тут ход ее мыслей прервал щелчок открывающейся двери. Это был он..

II

Выставка в Лондоне. Красивый зал, фуршет, Саша стояла в окружении гостей, нервно поглядывая по сторонам, будто высматривала кого-то. «Вот он! О господи…», подумала она, затем отошла к столику с напитками, и буквально залпом опустошила бокал шампанского. Пару минут назад она заметила, как он вошел, но не поверила своим глазам. «Это был он!» Точно такой-же, как на ее портрете…

Многие скажут, что это банально и так по-детски влюбиться в актера.. Но, Саша так не считала! Устав от местных парней, их свинского поведения, она решила – «Хватит! Я достойна лучшего!». И прекратила все контакты с местными ухажерами и порвала связь со своим последним любовником. Она не получала тут того, чего хотела и все эти отношения не делали ее счастливой, продолжать их – вот, что было глупо и банально! И она начала рисовать… Рисовать его и выкладывать портреты в фейсбук, надеясь, что возможно он ее заметит…

И вот она была тут, в Лондоне (а выбор города, для проведения выставки бы не случаен, ведь это его родной город, где он часто бывает!). И он подходит к ней, чтобы поздороваться.. Они не были знакомы, но это не было странным – ведь это была ее выставка!.. Здесь, в крупной галерее Лондона.. Она немного нервничала… Она не знала – это только начало их знакомства, или их знакомство уже началось?.. Она послала ему фото рисунков во всех соц сетях.. но не знала, видел он их или нет.. «Не хотелось бы, чтоб он думал, что я помешенная фанатка..».

К слову, его портрет «заставлял» ее работать усерднее все последние месяцы. Он как бы был символом того где и с кем она хотела быть… Каждый раз, когда ей было лень что-то делать и она собиралась провести очередной вечер за сериалом, она смотрела на эти глаза с портрета и просто не могла тупо сидеть и ничего не делать.. Ей хотелось быть с ним.. а для этого надо было попасть туда, где он – в Нью-Йорк.. и стать кем-то.. добиться успехов в чем-либо, стать звездой.. чтобы он ее заметил… Так она думала, и поэтому работала усерднее. (Да, многие великие открытия были созданы благодаря любви.. Фейсбук например.. если верить фильму «Социальная сеть».)

Так вышло, что начинала Саша рисовать просто для себя, а это вылилось не только в успешную карьеру, но с помощью рисунка она нашла свою любовь.

Вечер. Саша стояла и смотрела на Лондон.. Картину «Лондон».. Ее картину.. Которая еще пару часов назад висела на стене в галерее, а теперь она была на стене у него..

III

Саша посмотрела «В Джазе только девушки», первая мысль: «Удивительно, как за полвека изменились отношения мужчина/женщина». Раньше, чтобы завоевать девушку, достаточно было просто быть «обаятельным мерзавцем», и не важно, что на протяжении всего фильма ты плел интриги, обманывал, выдавал себя за другого, в конце побеждает любовь, и женщина ему все прощает.

Сейчас же, если и фильм начинается с того, что мужик вел себя как козел, то на протяжении всего фильма он пытается это исправить, загладить свою вину перед женщиной. Сейчас когда, смотришь классику 50-60ых гг. не возможно не заметить этот мачизм мужиков и радуешься, что ты живешь не в 50-60-ых. А еще ее радовало то, что она не жила больше в Беларуси, где мачизм мужиков все еще как в 50-ых…

IV

Профиль в инстаграм одной старой знакомой.. Фото себя с надутыми губами в зеркале.. и комментарий под ним: «Молодчинка! Совсем не меняешься!». «Молодчинка????? По-моему не меняться – это печально...», – мысли Саши. Казалось бы, все уже только прикалываются над подобными фото в сети.. Но нет, встречаются еще те, кто на полном серьезе так фоткается.. и получает еще восторженные отзывы..

Профиль в фб. Война, война и опять война.. И ведь даже не у нас то!! Что все об этом пишут?! И только редкие позитивные фото от друзей, которые, конечно же, живут заграницей... Профиль одной новой знакомой, которая живет в Нью-Йорке. Фото драников, снега, шампанского, семьи – счастье.. На всех фотографиях счастье, а не показушная солидарность с соседними странами, где якобы идет борьба за демократию.

«Все.. Я хочу туда.. Туда, где счастье..», решила Саша год назад. И вот она была здесь.. Сидела перед окном.. за окном снег.. перед ней тарелка с круассанами, которые ей уже не терпелось попробовать, но она ждала пока он, наконец, заварит кофе и к ней присоединится. Кофе готов, и вот он уже садится напротив нее с двумя чашками. Саша подумала.. что вот оно! То, за что стоит бороться.. Любовь, отношения и счастье (сначала тут было слово стабильность, но редактирую текст спустя год, я поняла, что стабильность – это значит застой. Жизнь не должна быть стабильной, она должна быть яркой)

А за окном был Нью-Йорк и первый снег…

V

Профиль все той же знакомой с Нью-Йорка.. На фото горы, она, муж и трое детей… Ранее Сашу стошнило б от такого фото.. Это ж безумие делать трое детей! (Хотя оказалось, что на фото ее сын и двое его друзей). Но Саша впервые глядя на семейное фото кого-то из знакомых испытывала радость, а не отвращение… Вот как надо проводить семейный уикенд! В горах, взяв собой ребенка и его приятелей, а не.. даже сравнить не с чем.. Не понятно как проводится семейный уикенд в Беларуси.. Скорей всего просто никак – перед телевизором или максимум это поход в парк. Вообщем скучно.

Общаясь с новой подругой, Саша впервые за долгое время подумала, что иметь семью – это, наверное, не так уж и страшно… Так как она узнала, что можно иметь детей и быть при этом красивой и прекрасной бизнес вумен с собственной личной жизнью. А еще недавно она блокировала тех «френдов», которые постили чрезмерное количество фото с детьми. Потому как глядя на фото всех этих малолетних мамаш, без макияжа и у которых в жизни (судя фото и статусам) нет ничего радостней кроме как смены подгузников, она впадала в ужас.. Она не хотела становиться такой, и была убеждена, что дети являются причиной того, что женщины полностью забывают про себя и свою жизнь.

Но на самом деле все не так – у них и не было своей жизни… Она появлялась только с ребенком.. И то, какой быть, как выглядеть, будучи матерью, это исключительно выбор самой матери, а не «отсутствие времени», «много забот» и пр.. И Саша решила, что если у нее будет когда-нибудь семья, то все будет так, как в клипе Ланы Дель Рей «NationalAnthem» или а сериале «Сплетница», и никак иначе.. И конечно, не в Беларуси...

VI

Саша прочла статью под названием «Как не стать сукой» – интервью с известными бизнес вумен, и первое, что подумала, а почему собственно и нет?.. Если быть сукой означает прямо и жестко говорить то, что думаешь, решать дела так, как считаешь нужным, то Саша предпочитала быть сукой, чем «тряпкой», которая будет льстить в лицо, а про себя думать гадости о человеке или решать дела в угоду всем кроме себя...

Идеалом Саши недавно стала Блэр Уолдорф — персонаж из сериала «Сплетница» — холодная и беспощадная, стильная, умная и красивая леди. Поначалу ее этот персонаж даже бесил — она не понимала, как можно быть такой стервой?! Но, невозможно оставаться равнодушным к тому, с какой грациозностью и умом Блэр добивается желаемого. И ее прямота, иногда граничащая с грубостью тоже часть ее очарования. Все говорят гадости о других, но далеко не у всех хватает уверенности в себе и смелости говорить это прямо в лицо другому. Персонаж Блэр — сильная, умная и целеустремленная женщина. И если это означает быть сукой, то Саша хотела быть ей...

VII

Статья в Cosmo. В заголовке что-то про побочные эффекты противозачаточных таблеток.. Саша испугалась, начала судорожно читать статью.. А там..:

«Таблетка защитит тебя от нежелательной беременности, но кто защитит тебя от несерьезных отношений?(…)»

«Браки «по залету» не хуже других, если они заставили двух вменяемых людей быстрее повзрослеть»(…)» (*А если не заставили?..*)

«Таблетка как джостик для нашего разума: говорит «рано» и «не справишься» и нажимает нужную кнопку. Но порой голосом разума разговаривают мамины страхи, общественное мнение, твои детские травмы. И если «резиновое изделие» можно в порыве чувств проигнорировать, то с таблеткой этот номер не пройдет.(…)» (*И слава богу! Поэтому надо выбирать таблетки..*)

Когда Саша прочла эту статью, она была удивлена.. «Космо, что за советы для отчаявшихся?!» В прошлый раз ее удивила там статья «Как превратить друга в бойфренда» и типа, если много лет не получается найти того единственного, присмотрись на того, кто рядом…

Ну, путь в никуда начинается именно вот с таких вот мыслей, Саша могла сказать это по своему опыту.. Она вспоминала, как где-то на 2 курсе универа она думала, а может она больше не встретит никого?.. Может, стоит обратить внимание на тех, с кем раньше общалась?.. И думал сейчас, как глупо так думать..Такие мысли еще больше вгоняют в депрессию и ничуть не решают проблему… То, что в прошлом – надо там и оставить..

VIII

Рассматривая «дизайн план» квартиры в Нью-Йорке, которую она недавно купила, она вспомнила свой прошлогодний ремонт в квартире там, в Молодечно. Ее вдохновил фильм, в котором парень, начав принимать какие-то экспериментальные таблетки, вдруг стал четко видеть и понимать окружающую его реальность и как ее можно изменить.. Он начал менять свою жизнь со своего дома, который был больше похож на свалку. И что стало для Саши открытием, хотя, наверно, банальным – достаточно просто сделать генеральную уборку, чтобы дом начал выглядеть гораздо лучше.

Саша долгие годы думала, что когда она «вырастет», они смогут сделать класный «генеральный» ремонт.. А пока, пусть будет и свалка... Мораль в конце фильма была примерно такой – не обязательно пить какие-то там стимулирующие таблетки, чтобы начать просто шевелить мозгами и видеть все вокруг себя.. Достаточно просто начать смотреть..

И правда.. Ждать, когда вырастешь и будет много денег, и только тогда начать делать ремонт; ждать, когда что-то там произойдет, например, поступишь в универ/устроишься на крутую работу, и только тогда начать жить хорошо или ждать пока сменится власть в стране и только тогда жить так, как хочется – это все, значит – никогда. Какие бы ни были обстоятельства, следует начинать жить и действовать сейчас так, как хотелось бы жить и действовать. Только это может хоть как-то приблизить к желаемому.

Саша, посмотрев этот фильм, решила, что пора все менять – пора, наконец, навести порядок в своей квартире, а затем и в жизни. Она все еще хотела генеральный ремонт, но так как пока денег не было даже хотя бы на минимальные обновления, она решила начать с уборки. И начать с себя и с малого – убраться на своем столе – выкинуть старые каталоги, которые лежали у нее уже лет сто, и снять старые плакаты, которые висели на стене с класса 9. И, что поразительно.. маленькие перемены порождают большие.. Как раз тогда она продала несколько своих картин, что позволило сделать все-таки ремонт двух комнат… Это глава о том, как положительные мысли и настрой могут менять реальность неожиданным и поразительным способом, главное верить в перемены.

Часть 3 Реальность

I

Саша писала роман... Сначала была мысль написать все прямо прямо – об отношениях, о семье, все мысли, все, что приходит на ум.. Она думала, что откроет глаза этим своим текстом некоторым знакомым и друзьям на себя и свою жизнь. Но.. текст открыл глаза другим как-то не так.. Как-то странно реагировали на него ее знакомые.. Она думала, что ее будут жалеть.. а не считать эгоистичной сукой. Ну, хорошо, что текст производил именно такой эффект.. Это показывало взгляд других людей на ее жизнь.. Это открывало то, что Саша не замечала ранее.. Пока она не могла понять толком – что.. но...

Вот подруга после прочтения ей написала:

« (...) но вот эта ода свободе просто крушит все надежды читателя наверняка, люди бывают счастливыми и без успеха

не всем наверняка это нужно»

Саше сразу вспомнился диалог из сериала «Сплетница»:

Серена: «Не все хотят быть Блэр Уолдорф..»

Блэр: «Не все могут быть..»

Так и в жизни... Конечно, можно сделать вывод, что многие люди не хотят успеха, богатства, делать что-то особенное.. Ну, раз они ничего не делают для этого и предпочитают жить своей обычной жизнью. Но еще вопрос в том, способны ли они сделать что-то особенное? Некоторые, сидя всю жизнь на диване, живут с уверенностью в том, что они могли бы стать моделью, успешным бизнесменом, первооткрывателем и т.д., только если б захотели… Но все, на что они способны – это прикрываться отговорками, что им вовсе и не нужен успех, при этом, злорадно обсуждая у тебя за спиной твой успех.. Когда Сашин текст прочел один знакомый, он сказал, что у автора завышенное эго и банальные мечты.. Типа все хотят богатства и пр. Только для Саши осталось не понятным, если она хочет того же, чего и все, почему на нее льется столько грязи?..

Вот и подруга:

«вот и из-за того, что ты как бы не прожила свою жизнь, то сложно судить была ли Саша лучше или хуже других»

А что делает человека «лучше других»? Особенным.. Когда Саша в детстве смотрела исторический фильм и там представляли какую-нибудь «обычную» девушку как «красавицу», Саша недоумевала.. Какая ж она красавица, без макияжа, без сложной прически и вообще самая обычная?.. Она не понимала, когда в европейских фильмах девушка идет на свидание, и она просто одевает вполне обычное платье, расчесывается и красит губы.. И считается при этом мега красоткой.. У Саши подготовка к «выходу в свет» начиналась с утра… Полутора часовой макияж.. пятичасовая укладка.. сложный маникюр, с рисунками, стразами и блестками. Одежда – что-то максимально открытое и желательно еще и блестящее.. шпильки не менее 10 см, иначе было как-то некомфортно.. Ей казалось, что для того, чтобы считаться особенной, нужно чтоб были «основания» считаться таковой… Чтобы выделяться нужно, чтоб всего – макияжа, прически и пр. было побольше и по ярче. Но на самом деле, чтобы быть особенным надо просто быть им.. Это идет изнутри – ты настолько хорош, насколько сам считаешь себя таковым. Уверенность в себе, не боязнь быть собой делает человека не таким, как все. Это не значит, что он становится лучше или хуже других – он становится собой, а это и значит быть лучше, быть особенным.

Для Саши самым большим комплиментом было то, что ее книгу дочитывали до конца.. Сама она мало что могла так осилить из художественной современной литературы. Саша предпочитала книгам, кино. И больше всего ее вдохновляло писать дальше, когда ей говорили, что в ее тексте люди узнавали себя, когда текст заставлял о чем-то задуматься, когда не оставлял равнодушным – вызывал эмоции, пусть иногда и негативные…

II

Четверг – будний день, Саша с подругами решили устроить домашнюю вечеринку.. И потом выложили пару фотографий с хоумпати в сеть. Ни одного лайка.. Саша подумала, что может быть что-то в настройках, и другие не видят фото.. потому как вообще никакой реакции это странно. Написала другу, спросила. Тот сказал, что все видно.. Саша:

«Ну странно, что ни одного лайка..»

Он: «ахахахахахахаахахахахахах) от скромности не умрешь!»

«Ну блин а что?.. Я красива, умна и талантлива.. Он думает, я этого не понимаю?..». Он удивил ее этими словами. Ну тут вопрос не в личной самооценке, а в отсутствии лайков.. Почему их нет совсем? Понятно же, что люди лайкают не только что-то супер офигенное, а практически все, что постят их друзья.. «У меня нет друзей?..», промелькнула мысль у Саши..

Реакция на фото – к концу дня только один комментарий знакомого, который как бы под*ебал Сашу словами, что видно, как ей хреново живется (это он про статусы, что жизнь говно).. «Блин, не поняла.. Домашние посиделки с подругами – это признак успешной жизни?.. Или что?.. Видимо для многих да, судя по фото, которые остальные постят…»

Саша долгое время считала, что это только у нее скучная жизнь без значимых событий.. От этого она часто впадала в депрессии и писала в фейсбук о свой ужасной жизни, что многих бесило.. В одной личной беседе ее друг сказал, что: «Правильно, так и надо! Говорить все как есть, и называть вещи своими именами. Другие просто видят в этих постах себя, вот и бесятся..» Ранее Саша думала, что у других все по-другому.. лучше.. Но на самом деле, может быть у кого-то немного и лучше, но проблемы/разочарования и пр. есть у всех. Просто об этом не говорят.. Очень важно помнить об этом, когда видишь счастливые фото друзей/знакомых..

III

Переписка с другом. Саша выложила в сеть свой рассказ..

Sasha

ну как те рассказик? ты первый прокоментил.. странно что никто не реагирует.. ну.. хоть негативных комменатриев тоже нет хорошо)

Vadim

эм, ну это ж как бы не совсем художественное произведение, а просто ваша переписка с Томой

Sasha

ну это смотря как преподнести)

там раскрываются важные темы)

и вот через разговоры по-моему лучше всего донести истину

в смысле какой то смысл

ну как вообще?) не бред какой-то?) хочу еще выложить рассказ, ну так в стиле статьи в космо. и еще одну переписку

Vadim

это да) ну просто 50% текста вообще нельзя оценивать, потому что это будет оценка того, как пишет Тома, а не ты

а в принципе это жанр писем, просто специфика интернета даже другой ритм совершено.

кстати, думаю, такое реально может быть интересно людям. я не припомню, чтобы были такие проекты - публикация именно реальной личной переписки фб. блоги - да, но не ЛС)

Vadim

это не может быть "бред какой-то?" хотя бы потому, что вы с Томой не говорите же бредом в жизни :)))

Sasha

) ну вот.. я тоже так думаю)

)

спасибо) хотела сначала назвать "повседневность" тома говорит что не подходит потому что все подумают что это очередной мой загонный пост тока в развернутом виде...)))

я говорю ну что в общем то вся моя книга это загонный пост в развернутом виде..)

Vadim

=))))

Sasha

)) а с целой книгой не знаю что делать... опять отказали мне в издательсвте из-за недостаточного объема.. но им там много надо... а у меня тут обстоятельства оч поменялись.. (ну я ж пишу во многом о себе) так что терь не знаю даже как все это завершить) и вообще первые главы мне бредом уже кажутся)) а переписывать все нет сил)))

Vadim

ну так добавляй новое что происходит, пусть и будет динамика. нормально, если тебе кажутся бредом твои прошлые суждения - это же развитие героя книги

Sasha

ну да.. ты прав наверно.. с одной стороны много изменилось.. я уже так не думаю.. но не меняю что там было.. так как думала, что это было верно но на тот момент...

на счет писать все как есть.. динамика.. да.. там можно "выкрутиться" но тогда конец будет жестко пессимистичный..))) это тоже как то... и наверно надо подождать немного.. вдруг еще что произойдет)

могу скинуть на днях текст то, что есть.. оценишь..

Vadim

ну так пиши себе и пиши) и хэппи-энд не обязателен, и останавливаться тебя никто не заставляет)

давай, присылай

Sasha

бля я просто сама уже хочу это как-то закончить)))

Vadim

))

только вынужден сразу согласиться с неведомым мне Сашей, с сугубо художественной точки зрения: если ты позиционируешь текст как полную реальность, без купюр и приукрашивания, то убирать секс или любой другой элемент будет неверно =)))

Sasha

))) ахаха ну да... я поэтому и оставила... просто там такой секс.......... я было зимой начала редактировать и думаю буду удалять все что мне хоть чуть-чуть не нравится и смущает... и короче за пару дней удалила треть... там "роман" с "максом"... и думаю.. бля так удалять.. ваще ниче не останется.. короче вернула все) думаю да, отношения тупые.. ну вот пускай так будет... потом напишу, "как надо" (планировалось что будет вторая часть, когда уже все будет хорошо)) и я начала писать... но потом выяснилось что хорошо не будет... ну не удалять же это.. назвала часть "сны"

Vadim

"и короче за пару дней удалила треть..." - вот-вот)) цензура с твоим жанром несовместима

Sasha

)))))

Vadim

то же самое - если "причесать" ваши с Томой диалоги, исправить опечатки и т.п. - 90% стиля пропадет

Sasha

ну да.... мне помогли советы бахаревича) что писать надо для себя... не думать ни о ком...

на счет причесать это.. первый диалог еще.. думала отредактировать.. но если там че то серьезно менять.. все теряется.. редактировать только минимально.. где ваще не читаемо было... чтоб было реалистично надо и оставлять все ошибки и сленг.. все

Vadim

вот-вот

Sasha

мы сами с томой сидим ржем потом читая это опубликованное))) и сложно представить реакцию других.. и еще никто не коментит.. ты первый вот..

Vadim

теперь все будут бояться, что вы про них поговорите и потом это без купюр опубликуете))))))

Sasha

ахаххахахахаха я высказала это предположение томе)))))

сегодня))

думаю, может, боятся потому что о них потом всплывет.. но думаю все-таки неее...)))))

ну вообще.. на счет того что ты сказал что это не совсем худож рассказ...

я вот смотрю сплетницу и по другим фильмам биографиям вижу что настоящая литература -- это просто записанная жизнь... только это можно считать литературой..

Vadim

ну я же написал после - "а вообще это жанр писем..."

так что не загоняйся, всё ок с этим)

Sasha

) ну я просто поделилась мыслями)

для меня напр это было открытием)

ну чтоб преподнести эту жизнь на бумаге тоже надо иметь талант)

о хороший диалог!) включу ка его в роман!)))))

шучу..)))

Vadim

=)))

ну сейчас я пишу профессиональные вещи, так что тут секретов нет)

Sasha

)) кстати когда тока начинала писать.. так стремно писать о знакомых... чтоб не подумали чего плохого.. самых близких поначалу не упоминала.. но.. оказывается что обижаются скорее когда о них не пишут, чем пишут хоть что-то...)

хотя конечно отношения с парнями это портит... со мной "макс" не разговаривает больше..

я выслала ему книгу.. хотя у нас и до книги отношения испортились..

Vadim

ну, я его в некотором смысле понимаю)))

Sasha

ахахахаха)))) ну а я нет! как по мне.. я пишу как я по нем с ума схожу... оооо, ну и что он избалованная шлюха.. но это ж правда.. кто на правду обижается?

вот прочтешь весь вариант и скажешь свои предположения, на что мог обидеться "макс")

Vadim

ну да, сперва надо прочитать, конечно

Sasha

и вот о чем я говорила, про то что хочу показать как надо писать... вот что интересно -- реальные диалоги! отношения.. а не про выборы и мову... и у меня уже 3 знакомых как оказалось пишут... такую "банальную" литературу.. ооо.. просто чтоб красивые слова.. я такое не понимаю.. главное смысл! а не пустой текст но красиво написанный

Vadim

удачи)

жду тогда текст

Sasha

так вот эти знакомые (не закончила, отвлеклась) на меня гонят, что у мня херня... и так активно, что это скорее смахивает на зависть)))

показала одному "литератору" текст.. ссылку на бай букс. он сразу: никому это не показывай!

бля пошел ты! хочу и буду показывать.. в любом случае там ничего такого совсем херни какой то нет..

Vadim

прочитал сообщения снизу вверх и слегка удивился сначала)))

Sasha

))))))))))))

IV

Социальные сети. Сейчас разве что только ленивый не напишет у себя в профиле про новый век технологий, о том, как это все печально – не общаться в живую, комментировать все свои действия в сети и фоткать все, что ты видишь.. Какие наивные люди.. Да только благодаря социальным сетям они и могут еще поддерживать связь со старыми друзьями и новыми знакомыми. Неужели они не видят по своим родителям, что раньше, как только ты вырастаешь и становишься взрослым, твой круг общения ограничивается семьей и коллегами по работе и соседями. Что, в общем-то, нормально.. Невозможно поддерживать «полноценную» связь с десятком друзей и сотней знакомых. И только интернет дает такую возможность – вообще поддерживать связь. Многие говорят, что это глупо фоткать еду и «документировать» свою жизнь, но разве не для этого они заходят в сеть? Узнать последние новости своих «друзей».

В журналах и в интернете много пишется о том, что соцсети вызывают необоснованную зависть.. Типа все пишут только о своих успехах, поэтому, в сравнении, появляется неудовлетворенность собственной жизнью. Но можно подумать, до появления соцсетей у людей не было кому завидовать в «реальной» жизни.. Типа в реальной жизни, люди не хвастаются.. И разве соцсети мешают «реальному» общению?.. Ты можешь связаться со своими школьными друзьями, знакомыми в любое время… И почему мы этого не делаем?.. Это уже другой вопрос.. Социальные сети – это величайшее достижение человечества, которое сближает, а не разъединяет..

V

Саша всегда мечтала уметь рисовать портреты людей, и так чтоб это получалось быстро и реалистично. И вот когда она достигла своего идеала в рисовании, когда она, наконец, научилась передавать настроение с помощью портретов, она начала получать какие-то странные комментарии, о том, что рисовать с фото это не настоящее искусство... Что можно срисовывать так же по клеточкам.. Ну.. Видимо, все-таки она начала «делать» настоящее искусство, раз получает негативные отзывы на свои лучшие работы… Сразу вспомнился смешной статус одной знакомой:

Она в разговоре с мужем: « «50 оттенков серого.» – книга, которая разошлась многомиллионным тиражом и автор заработала миллионы.. Но книга фигня.. Я б таких десяток написала б…» Муж ей: «Так иди пиши! Нам деньги нужны!»

Иногда поражает такая уверенность в собственных силах, некоторых людей… Я не говорю сейчас об этой женщине.. Но довольно часто слышишь от людей, которые даже не пробовали что-то сделать и смело утверждают, что если бы они только захотели…

А про то, что рисовать с фото – это ненастоящее искусство, говорят те, кто вообще никакого отношения к искусству не имеют, у кого есть только сложившиеся представления об этом из учебников и книжек. Они думают, что искусство это что-то где есть правила, «каноны» и традиции. Но искусством можно назвать все, что создано руками человека.. Что есть искусство, а что нет, подчинено исключительно субъективному восприятию человека. И глупо утверждать, что какое-то произведение это не арт.. Сегодня нет, а завтра модный критик скажет, что да.

И окружающие как-то странно представляют себе работу художника.. Художник рисует не чтобы считаться художником, а потому что это идет изнутри, ему нравится рисовать, и он не может без этого (ну, настоящий художник). Абсолютно не важно, как было создано произведение.. Главное – что получилось.. То, что вызывает чувства, эмоции, заставляет задуматься – вот что можно назвать настоящим искусством, а не какую-то мазню художника с тридцатилетним стажем, и нарисованную с натуры.

VI

Переписка в фейсбуке.

Sasha

Привет. Ну что ты в Минске?)

Lena

Нет, я все еще в Париже.

Sasha

Блин написала старцеву.. Прочёл и молчит... Ну а я хочу завтра тусить по любому... Так может чуть-что поеду к Кате)....

Lena

Передавай ей привет

Sasha

ок

Мне Сеня снился в этот сне читал и старцев... Максу написать что ли?))) может повзрослел хоть чуть чуть..

Lena

что?

Sasha

)))))) бля... Это планшет исправляет ошибки так... А эффект будто б я курила..

Сегодня в эротическом сне мне снился старцев и макс:-)

Lena

сразу два?)

Sasha

)))) В разных снах:-)

Блин хочется написать максу... Но уверена будет как обычно ... Испугается там, и потом его друзья тока будут тролить что я без ума от него..

Блять... Не видать мне секса.... Старцев че то мутил не понятное... Короче прямо сказала что секса хочу, что если ему это не подходит пусть сразу скажет.. Сказал что не подходит.. У него есть женщина.... Бля заебали все... Написать максу?........хотя, конечно, не думаю, что он мне чем то поможет..

Мне плохо(((((жизнь говно а ещё и секса нет((((((!

Lena

Ну.. смотри сама.. я тоже не думаю, что ему стоит писать..)

Sasha

Но блин секса хочется так что не о чем больше думать не могу(

И ещё Старцев сказал в ответ на моё что у меня пол года секса нет... Типа это легко исправить))))) бляяяяя будто издевательство........

И + жизнь полное говно!

Пирог вот спекла с горя..

Блять и что мне делать?... Максу писать рука не поворачивается... А старцев... Вот я чувствовала что я ему нравлюсь.. Но не могла понять что не так... А тут блин.... Подстава... Но он все ещё был не против выпить со мной кофе... Зная его, кофе просто это б не закончилось....

Вот короче ещё со старцевым переписывались... Че то он непонятный какой то... И вышел на самом интересном..

Не понятный в смысле я вижу его интерес ко мне, но....

Lena

Может у него там серьезные отношения и поэтому не хочет ничего с тобой..

Sasha

Он сказал, что у него есть женщина, но не что не хочет меня.. Поговорили мы нормально.. Может ещё че и будет с ним.. Так он сказал ему интересны лёгкие отношения без обязательств..

Блин короче при встрече подробней расскажу.. Так это звучит странно тут

Короче пью граппу, танцую..

Lena

))

VII

Время.. Однажды на одном семинаре украинский тренер сказал, что время это наш самый ценный ресурс. Время конвертируется во все — деньги, успех, достижения. «Ого!.. И правда..», подумала Саша.. И как-то расстроилась немного… Столько упущено.. Потрачено на сериалы, на социальные сети, просто на занятия всякой ерундой. А можно было, например, выучить наконец нормально английский… И она решила тогда, что не будет больше тратить время впустую…

С тех пор прошло несколько лет.. Она все так же встает иногда в 8 вечера, смотрит сериалы и тратит время на ерунду. Но.. Теперь осознанно.. Осознанно тратит время на удовольствия.. и немного на работу. Вставая вечером, она понимает, что можно было потратить это время на что-то другое, может быть, более полезное.. Но на что? На что вообще можно тратить тут время, если в этой стране самое интересное – это спать и смотреть сериалы.. Разве она недостаточно старается, чтобы изменить свою жизнь? Видимо, нет, раз она не меняется.. Саша спрашивала себя, что можно было б сделать иначе? Да ничего.. Иногда единственное, что можно сделать – это ждать... Когда она была ребенком и ненавидела детство, как она могла стать взрослой? Когда была подростком, и хотелось, наконец, начать уже жить так, как хочется – богатой красивой жизнью – как она могла это сделать? Никак.. Оглядываясь назад, она ни о чем не жалела.. Но... Будущее.. оно уже здесь.. Если не начать сейчас жить так, как хочется, то возможно этого и никогда не удастся.

VIII

Статья в Cosmo – рассуждения о том, что такое секс на одну ночь для мужчин и женщин. Автор статьи возмущалась, что для некоторых мужчин предпочтительнее просто секс, без нежности, без романтики, с минимумом тактильного контакта. «Зачем вообще тогда это нужно?!» удивлялась и Саша и автор той статьи… Если ему надо просто вставить высунуть, зачем ему вообще для этого женщина?..

И автор привела советы из мужского журнала, которые очень удивили.. О том, что мужчины думают, как лучше себя вести, чтобы женщина не восприняла отношения на одну ночь всерьез и не нафантазировала себе слишком много.. Например, мужчине не стоит оставаться ночевать у нее и не стоит оставлять ее у себя, минимум романтики, поцелуев и пр.. Оказывается, они думают, что так будет порядочнее и ответственнее перед женщиной…

«Так вот оказывается, что это было…» Вспоминала Саша свое неудачное, точнее все свои неудачные свидания с *ним,* потому как все они заканчивались.. да и начинались как-то странно.. Без лишних «тактильных контактов», даже в сексе.. Саша гадала, что же это все-таки значит??? Хочет встретиться.. Значит, нравлюсь.. Встретились, ведет себя странно, будто между ними «ничего личного»… Да, она знала, что он не планировал с Сашей ничего серьезного.. Но если они вместе.. Пусть и на одну ночь, она хотела получить все удовольствие, которое можно получить от связи двух людей, которые нравятся друг другу.. И будет девушка «фантазировать себе» или нет, к сожалению, не зависит от того на сколько аморально ведет себя мужчина.. Думала Саша с грустью, вспоминая свои отношения с *ним*... Сейчас, спустя несколько лет она не могла понять для себя, что же ее так сводило с ума в нем, что она вела себя как идиотка?..

Оповещение о том, что пришло сообщение в фейсбуке прервало ее грустные мысли. Это был тот, с кем Саша планировала отношения хотя бы на одну ночь.. Написал, что занят и что неизвестно когда у него получится встретиться..: «(…) тебе наверное, сложно понять, что такое ненормированный рабочий день. и я утром крайне редко могу сказать, когда я освобожусь (…)».

«Ну почему ж не понимаю?.. Единственное, что мне действительно непонятно, над чем он так усиленно работает?? И понимаю, что встретиться нам вряд ли удастся…».

И стало как-то грустно.. Даже больше не от того, что встреча отменяется, а от того, что было 5 вечера, а она все еще завтракала.. Грустно, что у кого-то такая насыщенная жизнь, а она старалась спать подольше, чтобы дни пролетали быстрее.

Часть 4: все не так плохо

***

Передо мной список из 62-ух пунктов.. Прочла в книге «Фактор Алладина», что для исполнения желаний очень важно написать их все на бумаге.. И важно, составить список из 101 желания минимум.. В книге было сказано, что это очень тяжело и может занять несколько дней.. Первая мысль: «Ха, у меня-то точно с этим проблем не будет!». Но.. 64-ый пункт.. Блин, да я вроде уже ну все написала, включая «получить Пулицеровскую премию» и «изменить мир к лучшему» (в книге советуют писать самые невероятные желания, которые только приходят в голову)

Блин, капец, а это и, правда, очень сложно!

Всем кажется таким естественным, что у человека бесчисленное количество желаний.. Хотя на самом деле, человек хочет очень малого..

На одном тренинге по психологии услышала интересную мысль, что не надо бояться своих желаний.. Желаний должно быть как можно больше, если желаний нет совсем, это означает, что человек в глубокой депрессии.. А депрессия – это запуск организма на самоуничтожение. Поэтому желания, много желаний – это признак того, что человек психологически здоров и нормален (ну как-то так, не помню точную формулировку)).

Все не могу выкинуть из головы диалог с одной своей подругой.. Мы не виделись много лет, и когда списывались, она сообщила что еще в декрете, но собирается вот искать работу.. «Хотя с тем, что зарабатывает мой муж, я вполне могу позволить себе не работать». У ее мужа частный бизнес.. Я не знаю, сколько точно он зарабатывает.. Но знаю точно, что в этом городе можно заработать максимум тысячу долларов ну или супер в лучшем случае, полторы.. (Хотя средняя зарплата тут – долларов 300, думаю, он получает на пару сотен больше). И я задумалась, тысячи тебе достаточно для семьи из четырех человек?.. Ну да, на продукты там и какие-то другие расходы хватит, но неужели тебе не хочется чего-то большего?... Совсем большего.. Я понимаю, что есть реальная жизнь, и то, чего ты хочешь.. Но я всегда старалась подстроить реальную жизнь под то, чего я хочу.. Как может быть иначе я не понимаю?.. Как можно работать на скучной безденежной работе и одновременно мечтать о престижной карьере где-нибудь так, и ничего не делая, для этого?.. Я хочу сказать, что не понимаю, как можно мечтать об одном, а делать совсем другое?.. Да, наверное, не все хотят эту «престижную карьеру где-нибудь так», многие счастливы имея то, что имеют... Счастливы в своем доме, довольны своей работой, и в целом жизнью. Но... Тогда я не понимаю, откуда такая зависть к тем, кто добивается чуть большего?... А если не чуть.. То тогда вообще происходит странная ситуация..

Мне раньше казалось, что к успешным людям больше тянутся другие люди.. Ну по себе сужу, мне например, всегда было интересно пообщаться с тем, кто добился чего-то сам, даже если я не разделяю его взглядов.. И хотелось стать друзьями.. Это вроде как естественно.. Ну для меня.. Но в реальной жизни, с каждым моим шагом вперед, друзья отстают на 100 шагов назад.. В том смысле, что мы отдаляемся как друзья.. Мои планы, мысли, намерения до сих пор не воспринимают всерьез.. Или.. Я вообще не знаю, как они меня воспринимают, сложно судить, так как мне они не высказывают свое мнение, только иногда закатывают глаза и вообще в глазах читается: «Мг…

конечно..», или даже иногда я вижу ужас в их глазах. Возможно, конечно, что все наоборот, меня воспринимают всерьез, поэтому эта холодность между нами?.. На самом деле, большинству людей не интересно общаться с теми, кто успешнее, они выбирают дружить с такими же, как они сами. В реальности как-то не складывается долгосрочная прочная дружба между совсем разными людьми.. Или хоть немного разными.

Пункт 48 в моем списке «Иметь идеальных, добрых, честных друзей, которые меня полностью понимают и разделяют мои идеи/взгляды». Потому что я устала от таких отношений, какие есть. Я чувствую только зависть, злобу, иногда ненависть.. Конечно не всегда и не со всеми из своих друзей.. Но довольно часто. И я не хочу пытаться быть другом тому, кому и вовсе не нужна моя дружба. Я хочу дружбу, как у Блэр и Серены в сериале «Сплетница», и вообще, «Сплетница» пример для меня как надо дружить и строить семью, и вообще как надо жить. (Ну так, в общих чертах, пример)

Я даже не знаю никого тут в Беларуси, у кого были бы хоть чуть-чуть похожие отношения.. По-настоящему близкие, и я имею в виду не просто делиться сплетнями, а помогать деньгами, помогать действиями, выслушивать друга, когда он нуждается в этом, ну или хотя бы не делать слишком унылое лицо, когда твой лучший друг говорит о своих успехах.. Что это за зависть тут повсеместная?? Почему друзей воспринимают как конкурентов, даже если и вас нет никакого похожего бизнеса?.. Неужели тут никто не понимает, что успех друга, это может быть и твой успех?.. Это могут быть связи в будущем, если друг разбогател, появится возможность/вероятность, что он сможет помочь тебе в открытии своего бизнеса — одолжит денег или станет инвестором или просто можно устраивать классные посиделки на его вилле.

Но тут по ходу никто не видит своих собственных перспектив в чужом успехе.. Что, в общем, то очень зря, так как многие биографии известных людей подтверждают, что именно друзья зачастую играют решающую роль в карьере — это могут быть инвестиции (пример Коко Шанель), или нужны связи, знакомства. Подумайте об этом в следующий раз, перед тем как закатывать глаза на успех своего друга. Спросите себя, что, почему возникает такая неприязнь? Если вы хотите того, что есть у него, то просто начинайте работать над тем, чтобы это получить, если же вы полностью счастливы своей жизнью, то в чем тогда проблема, откуда ненависть и зависть?

Я не понимаю, я не могу сказать, что на данный момент, я добилась каких-то нереальных успехов, я все еще та же.. Но... такое отношение, со стороны моих «друзей» – необоснованные нападки, «отсутствие» интереса (у меня уже давно не спрашивают что нового и как дела) заставляет задуматься.. Может уже не та же?.. Может, вот оно, все началось?..

Сначала я почувствовала что-то «неладное», когда меня перестали лайкать в контакте.. Полностью.. Осталась только одна моя подруга и еще пару человек, которые периодически показывали свое присутствие на моей странице, ставя отметки «нравится». Потом пропали лайки с фейсбука, ну и позже и с инстаграма (лайкают только незнакомцы, по хештегу). Я не видела ни у кого такой ситуации.. Чтобы вообще не реагировали.. И смешно было, когда сделала страницу в фейсбуке – там показывается статистика – кликов на публикацию 812, а лайков, примерно 4… Никому не нравится, что я рисую?))))) То же самое со страницей вконтакте.. Там появился раздел «статистика».. И так догадывалась, что меня смотрят.. Но тут наглядные цифры – уникальных просмотров у меня от 110 до 130 в месяц, а лайков, максимум от трех, четырех человек)))))) Была мысль удалить страницу… Все ровно все типа не реагируют.. Но потом подумала, что остальные только и рады будут не видеть постов о новой и новой моей деятельности, ссылок на публикации и на мои интервью... Поэтому, нет уж.. Отсутствие реакции только еще больше меня стимулирует делать больше и лучше, поскорее идти к своей мечте.

Возвращаясь к списку желаний.. Я посоветовала сделать такой же и маме..

Она: Ну нужно писать такие более реальные желания.. Ты же не можешь, например, написать хочу купить самолет.

Я:... Почему?.. В моем списке как раз есть «купить собственный самолет».

***

В скайпе:

11 декабря

Sasha: ааа вот наконец!) блин в субботу вечером опубликовали мое интервью, для того Лондонского сайта, что я те говрила))
http://www.thepalettepages.com/2014/12/06/tatyana-hurynovich/

Sasha: блин вот никогда не надо сомневаться в себе.. принцесса цейлона которую я продала за 50 баксов... цеперь любимица у многих... в твитере много ретвитов ее и лайков....... (говорила ж что херст спрашивал про нее!) и она в палет пэйджис понравилась больше всего. а я блять из-за того что меня в фб никто не лайкал решила что я лох... что может картина так себе..... я правда была лох так думать...

***

Десять лет назад, читая Cosmo, я пролистывала тесты про отношения, так как никаких отношений у меня и близко не было.. Теперь мне 25, и тесты про отношения для меня все еще не актуальны.. Разве что тесты на сексуальную тематику.. Что это вообще? Почему у меня до сих пор не сложились хоть какие-нибудь более менее близкие отношения?

Не так давно прочла интересное интервью Лины Данэм, в котором приводилась цитата американского сценариста и режиссера Норы Эфрон: «Пока ты окончательно не станешь тем человеком, в которого сейчас превращаешься, ты не встретишь своего мужчину». В этом есть много смысла.. Это подтверждает и опыт Лины, она встретила свою любовь вскоре после того, как вышла первая серия «Девчонок», где она является автором и одной из главных героинь.

Все мои отношения были такие – будто я дотрагиваюсь, но боюсь схватить – ничего серьезного никогда не было. Точнее.. любые чувства – серьезны, но чьей-то девушкой я никогда не была. Наверно, я все еще превращаюсь.. Ну в общем то, да.. В моих мечтах я девушка с многомиллионным состоянием (ну ладно, что скромничать.. с многомиллиардным (в ворде даже такого слова нет, пришлось добавить) состоянием). Когда же я стану, наконец, тем, кем хочу быть? И да, давно заметила, что каждый мужчина в моей жизни – это определенный этап – в работе, в видении себя и окружающих. И вот, кажется, закончился очередной «этап»..

Я познакомилась с ним, когда начала рисовать.. И отношения были, как живопись – красивые и легкие. Мне нравилось в нем все.. кроме его девушки, с которой он, как оказалось все еще встречался на тот момент, когда я думала, что он с ней уже расстался… Неприятно было узнать….. что у него настолько плохой вкус… Но что говорить о том, чего уже нет.. Меня больше волнует, что теперь будет?.. Что будет с моей работой?

Не так давно исполнилась моя очень давняя и сокровенная мечта – начать шить.. И результат моей работы опережает саму работу.. Сшито (пока еще не слишком профессионально) всего 4 вещи, а меня уже сравнивают с Шанель.. Немного странно, но очень приятно. Почему-то, есть предчувствие, что в этой деятельности у меня точно будет успех. И есть предчувствие, что это новый этап моей жизни. Нет, на самом деле новый, с серьезными переменами.

***

Читаю книгу «Миллионер за минуту».. Очень интересно! Но все время не покидает мысль, что я все-таки хочу быть миллиардером.. Успокаиваюсь, думая, что, все-таки, перед тем, как заработать миллиард, надо заработать миллион..

Результат поражает – 4 дня как я читаю книгу, а у меня уже есть счет в банке. И вообще, как то все лучше стало.. Многие идеи, описанные в книге не новы для меня, но заставляют по новому смотреть на вещи. Например, следует быть благодарным за то, что у тебя есть; мы получаем то, что хотим; и «алмазное поле» которые мы все ищем, на самом деле внутри нас..

Наверно, это так.. Долгое время я завидовала своим друзьям/знакомым, которые имеют работу, деньги, отношения, нормальный график сна.. И реально переживала, что всего этого у меня нет.. И была уверена, что будь у меня все это, это сделало бы меня счастливее.. Но да.. Кажется, «алмазы» внутри нас и мы на самом деле получаем то, что хотим, а установка быть счастливыми или не быть, это исключительно наш выбор..

Эта книга помогла мне окончательно понять, что мне НРАВИТСЯ мой график сна! Я люблю встречать рассвет каждое утро! Нет работы.. Типа работа в Беларуси что-то дает.. какие то деньги или перспективы.. Судя по некоторым работающим друзьям, она только отнимает ресурсы – время и перспективы.. Отношения? Может, я еще не готова к ним.. Не важно, чего у меня нет, главное, что у меня есть – таланты, книга «Миллионер за минуту!» и время, бесконечное количество свободного времени и возможности реализовывать свои мечты.. Это бесценно! И я надеюсь, что смогу правильно распорядиться своими ресурсами и мне не придется начинать новую часть, переименовав предыдущую в «сны».

То, что у меня до сих пор нет жизни моей мечты.. Бизнес, деньги, luxury life.. Может, тот размах, о котором я мечтаю, пугает меня? И я «хочу» спокойной тихой жизни, без всего этого стресса и тяжелой работы, чтобы получить эту luxury life?.. Наверное, так! Ну что ж.. признание проблемы – первый шаг к ее решению. В другой книге из моей папки «Успех» говорится, что стресс — это обязательная часть роста и развития, а, следовательно, и успеха.. Наверное, пора впустить стресс в мою жизнь…

***

Решила, наконец, прочесть русскую классику – «Мастер и Маргарита».. Помнится, когда начинала читать это в школе, меня хватило на пару страниц.. Показалось каким-то бредом.. Сейчас.. прочла страницу.. Так непривычно.. Такой странный текст.. В последнее время я читаю только либо научные статьи, либо статьи в модных журналах.. А тут такой «литературный» язык, что прям смешно становится.. Честно, в последние годы я не люблю читать и читаю только что-то исключительно важное (для меня), но иногда почитываю что-то, чтобы понять, как пишут другие.. Увидеть другой опыт.. И «Мастер и Маргарита» по-моему, пример как точно не надо писать.. Сейчас..

Мне хочется писать что-то новое.. Точнее писать так, как еще никогда не писалось.. Хочется писать что-то личное — то, что реально, то, что может заинтересовать. Я хочу, чтобы «другой», читая, увидел там себя.. или, хотя бы, меня.. и мне кажется, у меня это начинает получаться…

***

Вдохновленная всеми этими книгами об успехе – там везде пишется, что нужно помогать другим, быть добрым и т.д. – я решила «помочь», рассказать своей подруге художнице об отличной возможности выставиться заграницей. Вот было предчувствие, что не стоит пытаться помогать другим, если тебя об этом никто не просил.. Это потраченное время и тебя еще обвинят (про себя) не знаю в чем, но чувствую какой-то недобрый подтекст в ответах..

Мы разговаривали о знакомом художнике, и она сказала, что это норма, когда художники не советуют друг другу, как можно дальше развиваться, не советуют каких-либо галерей, где могли бы заинтересоваться их работами, что это очень закрытая среда.. Я подумала, что не хочу быть такой! Если я могу посоветовать что-то, то почему бы не поделиться информацией?

Поделилась… «У меня нет денег, мне это не интересно бла бла бла..» Ох.. Не буду больше помогать другим! Сразу так решила..

Потом вечером говорила с другой подругой.. Она жаловалась недавно на свою работу.. И сейчас сказала, что ее там могут сократить.. Казалось, очевидно же..: «Бросай работу и ищи дело своей мечты!» Но.. как-то.. не для нее.. Она ответила: «А за что я буду жить?» Эм.. ну за то, за что и живешь.. За деньги родителей.. Все ровно большая часть зарплаты уходит только на оплату квартиры.. Зарплата то мизерная! Это надо совсем не уважать себя, чтобы так тяжело работать за такие копейки! Почему для некоторых сам факт работы так важен, даже если эта работа не оплачивает их потребности? За что они так держатся?? Да, я понимаю, что кто я, чтобы судить и советовать что-то.. Кто как хочет, так и поступает.. Я просто хотела поделиться с ней интересными идеями, которые я прочла во всех этих книгах.. Но блин, знала же, что не стоит.. Эти книги я ей скидывала.. Если это ее уже не вдохновило, то зачем я пытаюсь снова?..

В тот же день, еще был разговор с другом. Я ему в очередной раз написала свои бизнес идеи, на днях он вроде как заинтересовался тем, что я написала.. И, в этот раз я изложила ему уже все очень подробно. Конечно, нельзя просчитать до цента, во сколько обойдется будущий бизнес.. можно лишь считать более менее примерно). Перед тем, как написать, вспомнилось из книги: «не надо предлагать дважды – это эмоциональное насилование». Я все-таки рискнула предложить, уже сложно сказать в какой раз... И ответ был как обычно)) «Ты еще зеленая, четко не понимаешь чего хочешь, ветер в голове» и что я ничего конкретного не предлагаю.. Ох, и с чего я взяла, что если все время делать одно и тоже, вдруг будет какой-то новый результат?.. Ну не хочет он создавать свою фирму! Почему я не могу это принять?.. Потому же, почему и он не хочет.. Мне страшно.. Только мне страшно, ничего не начать.. Страшно бездействовать и упускать время.

Но.. Как я прочла в какой-то из книг по успеху, «закрытие открытых вопросов освобождает новую, невиданную ранее энергию». Я решила, что все, больше не буду предлагать свои бизнес идеи этому другу, раз они ему не интересны.. Нужно начинать строить свой собственный бизнес. Ну раз уж я закрыла этот вопрос, решила и позакрывать и другие.. Почистила список в соц сети.. Поудаляла лишние твиты. И самое главное.. Разобралась наконец-то с тем, чего же я хочу на самом деле.

P.S.: из разговора с другом, он сказал, что я ничего конкретного не предлагаю, и ему лучше будет вложиться в квартиру или более понятный бизнес.. Первая мысль: «Квартиру там, на севере России купить хочешь? И вспомнились слова Пелевина: «А обычный человек всю жизнь работает, высунув язык от усталости, а потом умирает от стресса, успев только кое-как расплатиться за норку в бетонном муравейнике.» То есть, зачем осваиваться, пускать корни где-то в ж**е, скажем так, если можно потратить деньги на бизнес развитие? Хочет вложиться в более понятный бизнес.. Ну буду рада, если мой друг сможет получить какую-то выгоду от инвестиций.. Только вот, что означает «понятный бизнес»? Бизнес не может быть понятным, пока его не начнешь строить.

***

В скайпе:

Я:

ну что, ты прочел тест?) глянула то, что те скинула.. там всего 2 стр..))) а мне казалось намного больше)))

Вадим:

".. В последнее время я читаю только либо научные статьи, либо статьи в модных журналах..

«Мастер и Маргарита» по-моему, пример как точно не надо писать.."

смотрится как стеб над собой))

сорри, конечно, но под другому конкретно эту фразу воспринять сложно)

Я:

а че стеб то??? я всю жизнь так читаю..

тока когда училась в школе/ универе еще читала то что там надо было..

я очень очень редко читаю литературу – классику, а современное вообще не читаю

научные статьи в смысле -- там ну статью знакомого политолога -- аналитику -- и то в посл время не читаю.. мне интересно психологические исследования

не ну я правда не понимаю симпатию многих к мастер и маргарита))

и по опыту и по инфе из исследований могу сказать, что то, что нравится большинству -- за частую -- говно.. ну упрощая так..

Вадим:

я не великий фанат Булгакова, но фраза "я читаю глянцевую журналы, а Булгаков плохо пишет" - это слишком эпично, чтобы быть всерьез)

Я:

да ладно.. ну мне правда не нравится))

бля да глянцевые журналы самая серьезная литература из всей, которую я знаю!

и это не ирония над самой собой)

Вадим:

звучит как "я в основном смотрю "Реальные пацаны" и "Даешь молодежь", а драматургия Шекспира мне кажется скучной и неактуальной" =))

Я:

ха ха)))

ну ты просто не читал глянцевые журналы... такой ощущение что люди вот как ты которые так говорят представляют себе журнал как то так: ой девочки..... поговорим о мужиках... секс секс и пара звездных луков)))

Вадим:

я знаю, что журналы бывают разные) и что булгаков нравится не всем. Но вместе это, повторюсь, смотрится эпично))

Я:

вот читая посл номер космо я в очередной раз убедилась, на сколько это серьезный журнал... там советы психолога, преуспевающих бизнесменов как вести себя в периоды кризиса.. куда деньги вкладывать.. в каждом номере интервью людей которые рассказывают о своих стартапах.. там много о бизнесе.. об образовательных проектах, психология отношений. там пишут только настоящие профессионалы. ну и есть журналы где в основном только мода как мэри клэр. но мода -- это самое высокое искусство. и никакой булгаков тут в подметки не годится.. это всего лишь мое мнение.. но, думаю, со мной многие согласятся) просто если не нравится что-то из классики не значит что ты лузер там или не догоняешь чего-то... это нормально, если что-то тебе кажется скучным... куда глупее когда пафосно пытаются обсуждать "высокую" литературу, когда на самом деле нравятся «реальные пацаны»..

Вадим:

реальным пацанам реальных пацанов)

Я:

ну блин.. просто реально не понимаю когда вот многие говорят что любимая книга -- преступление и наказание... бля да как вообще эту депрессивную муть читать возможно???

и я ж сказала: как не надо писать -- сейчас.. не ну это правда не актуально если сейчас писать литературу в таком стиле

а булгаков.. мне реально понравилось -- заметки юного врача.. это круто

а мастер -- это смешно просто. хотя может пары страниц не достаточно для анализа.. но больше я не могу осилить

Вадим:

Таня, относись к Булгакову как хочешь))

ты ж прислала текст, я высказываю мнение об эффекте, который производит твой абзац)

пока он комичный, запланировано это или нет)

Я:

ок.. так и буду)) я ж просто прокоментила чтобы объяснить почему я так написала

абзац или весь текст?))

ну да.. у меня настроение такое)) юмор это круто я считаю)) хочу быть забавной))

Вадим:

поспехаў)

Я:

так весь текст комичный или тока абзац?

ну я думаю, это хорошо, что удалась уйти от драмы)))

Вадим:

ну после такого абзаца уже нічего всерьез воспрінімать нельзя))

незавісімо от того, что дальше напісано)

Я:

ха ха.. я пишу всегда только серьезно!

надо дополнить будет этот абзац))

и комичность не то, чтобы запланированная, просто так выходит..

буду писать как хочу -- все ровно только я читаю)))

Вадим:

кстаті, неплохой подход)

Я:

)) спс))

Кстати, я не люблю фантастику, потому, что слишком чувствуется ненатуральность.. Конечно, понимаю, что не все книги из не фантастики основываются на реальности… Но там все ровно реальность есть.. То есть понятна в целом «история сюжета». А когда читаешь, смотришь что-то фантастическое, все, что вижу я — это какой-то ограниченный неестественный мир, и я не могу просто смотреть кино, появляется слишком много вопросов — а как они к этому пришли?.. Почему там все именно так устроено? Почему они не меняют ничего?.. (Если сюжет — то есть, жизнь, описанная в фильме — полностью бредовая). И почему многим нравится фантастика? Потому что там якобы спрятан глубокий смысл, который показан в такой вот занимательной форме? Но мы что, дети? К чему придумывать сказочные сюжеты, чтобы показать реальность?

***

Интересный факт я для себя сегодня открыла.. Живешь долгое время с чувством собственной никчемности, в том смысле, что кто-то близкий может долгое время жаловаться на тебя, говорить, что ты все делаешь не так.. И ты с этим согласен.. И правда, можно было бы и хотелось бы жить иначе.. Но, никак не выходит.. И вот.. Ты что-то начинаешь менять.. И реакция этих близких? Или вовсе не замечают, или, что чаще происходит, появляется какая-то злость.. Казалось бы, ты начинаешь жить наконец-то по их правилам.. И тут оказывается, что они не только не ждали этого от тебя, но и не хотели.. На самом деле, если люди долго сосуществуют вместе, значит, внутри их все устраивает в том другом человеке. А если они постоянно жалуются на другого человека, но все ровно не уходят, значит, им нравится и полностью устраивает такая форма отношений.

Я хочу сказать, что это ужасно и глупо, когда ты считаешь себя должным перед кем-то или виноватым, а этот кто-то вообще не представляет, что ты изменишься и ему это совсем не нужно. Или когда кто-то из близких долгое время «утверждает», что ты, например, лентяй, неумеха и т.д. И ты начинаешь в это верить, хотя правда в том, что они просто выплескивают свои страхи и комплексы на тебя, но эти слова – ярлыки – так прочно к тебе прилипают, что ты уже забываешь, кто ты есть на самом деле. Нельзя позволять, кому бы то ни было говорить тебе кто ты есть. Только у тебя может быть на это право.

***

Примеряя в магазине сумку Guess, которую я собиралась купить, мне вспомнился анекдот.. «Сумка Dolce & Gabbana, джинсы Armani, куртка Gucci.. Одного не могу понять – что ты делаешь в автобусе?!». И мне так смешно.. Подумала, что с новой сумкой придется и менять жизнь.. И правда, довольно странно будет ездить по электричкам и автобусам с сумкой Guess..

На самом деле, вещи во многом определяют нашу жизнь.. Была статья в Cosmo про дрес код для работающих дома.. Так вот, даже если вы работаете дома, то гораздо эффективнее будет работать если не в костюме, то хотя бы не пижаме и тапочках.. Стоит выбрать что-то более «деловое», так как наш внешний вид влияет и на наше поведение, работу, самовосприятие. Я с этим согласна – мы чувствуем себя, как одеваемся. И только вам выбирать быть шикарной или обычной.

Возвращаясь с магазина с новой сумкой, я решила ну да.. Я и правда хочу новую жизнь.. Я не хочу больше терпеть боль.. Физическую.. (У меня очень чувствительные ноги, мне больно практически от любой обуви, только в шлепанцах нормально, и то, если ходить по дому.. Если по улице – появляются мозоли). Мне нравятся классические платья и туфли на шпильках.. Но ездить в городском транспорте, в другой город и ходить по нашим улицам во всем этом – это просто ад. Не хочу больше такого. Хочу передвигаться исключительно на машинах и самолетах. Не хочу терпеть жару, хочу легкий морской бриз и помещения с кондиционерами. Не хочу общаться с людьми, которые пытаются меня как-то под**бать, хочу общаться только с теми, кто меня принимает такой, какая я есть. Я хочу получать то, что хочу. И на самом деле мы получаем то, что хотим, что считаем нормой. Когда для меня было вполне нормально ездить по ночам на электричках – так и было, но как только (со временем) я поняла, что это ну совсем не комфортно для меня больше и я не хочу этого, это ушло из моей жизни. А то, что мы считаем чересчур роскошью, таковой для нас и остается.

Раньше, когда я только мечтала жить шикарной жизнью, была какая-то боязнь, что если жить исключительно в комфорте и роскоши, то можно пропустить что-то важное.. Ну простую жизнь..))

Глупо правда? Хотя, уверена, многие согласятся с тем, что богачи упускают «реальную» жизнь.. Но.. К черту реальную жизнь! Я хочу жизнь мечты, в удобстве, комфорте и красоте. Роскошь не лишает тебя чего-то.. (чего-то стоящего) Роскошь дарит тебе настоящую жизнь, дарит выбор, дарит любовь.

С сумкой Guess роскошь начала «входить» в мою жизнь гораздо стремительнее.. И я сейчас не хочу сказать, что лейбл даст какие то гарантии счастливой жизни, я хочу сказать — желайте лучшего и лучшее придет в вашу жизнь!

Часть 5

Когда вам не дают роли, которую вы заслуживаете, надо написать её самому.

Фредерик Бегбедер. Романтический эгоист.

***

"So rich, so pretty

The best piece of ass in this whole damn city.

So rich, so pretty..."

Играет песня в моей лондонской квартире, пока я в спешке крашу ресницы.. Я уже опаздываю (причем нормально так опаздываю) на открытие выставки (где будут и мои картины, а также картины известных художников со всего мира).

Настроение отличное..

"So *rich, so pretty...*"

Невольно вспоминается, как пол года назад я слушала эту песню у себя дома в Молодечно, а сейчас я.. (окинула взглядом комнату с роскошной мебелью, привезенной только на этой неделе): "So *rich, so pretty...*"

Шикарное платье, шикарные дизайнерские туфли (почти ювелирная работа), бриллианты... (обычно я выбираю бижутерию, но сегодня хочется чего-то luxury..). Я вхожу в зал, где проходит выставка.. Шампанское, картины, много друзей.. Я всего месяц в Лондоне, но уже познакомилась со многими известными людьми из мира искусства — актерами, художниками, дизайнерами. Искусство также привлекает людей из сферы бизнеса... В общем, мне кажется, я хорошо знакома, если не со всей элитой Лондона, то по крайней мере с ее частью.

И интересно, что luxury life оказывается не такой, как кажется... Эта gorgeous life не такая уж и gorgeous у многих здесь.. Большинство живут вполне обычной жизнью.. конечно в роскошных домах, отелях, имея в гардеробе роскошные вещи, но для жизни предпочитая элегантный casual, или не элегантный.. Когда смотришь «Сплетницу», удивляешься – они дома ходят в туфлях на каблуках, дизайнерских платьях и в громоздкой бижутерии?.. Это перебор даже для фильма.. В реальной жизни тут все иначе.. Для дома они выбирают спортивный стиль.. И даже иногда не только для дома.. В фильмах показывают девушек, которые «в обычной жизни» (на экране) выглядят всегда как с обложки. На самом деле, молодежь тут вообще сильно не загоняется подбором элегантных нарядов. И я тут обычно довольно сильно выделяюсь, даже в повседневной жизни. Смешно иногда становится, когда вижу, как тут девушки/женщины выглядят, когда выходят в свет – элегантные «закрытые» платья, сдержанные украшения, макияж, и вспоминаю наших «светских львиц», которые выглядят как порно звезды, ну или просто безвкусно.

Считается, что славянские девушки самые красивые.. Но если взять только внешность.. То да, они красивые.. Но что касается стиля… Отсутствие денег, отсутствие выбора – все это отражается не только на выборе одежды, но и в целом формирует вкус. Выглядит реально класно тут почти никто.. Девушки, у которых есть деньги и возможности выбирать, выбирают почему-то быть похожими на проституток – супер мини юбки, платья, больше похожие на нижнее белье, туфли на огромной платформе.

Я все не могу забыть, когда на одном международном семинаре, один немец при знакомстве со мной долго не мог поверить, что я Беларуска.. (ну да.. пришла же не шпильках и в мини, или в чем-нибудь блестящем с боевым мэйкапом..) И потом он удивлялся каждый день семинара, говорил, мне комплименты, какой у меня стиль, и как я не похожа на белорусок)) На самом деле, когда тебе говорят, что ты не похож на беларуса.. Наверно, это стоит воспринимать как комплимент…

Хотя, если вспомнить, раньше я тоже предпочитала юбки как можно мини… Декольте как можно глубже.. Ну потому что тут это считается нормальным.. И когда смотрела американские фильмы, где о девушке в короткой юбке шутили: «А где юбка? Ты забыла надеть?» Я не понимала вообще, на ней же есть юбка.. «Основное» прикрывает… Или, из сериала «Сплетница», служанка показала Блэр юбку (не слишком короткую):

Дорота: «Может эту наденете? Она говорит: «умная и сексуальная»»

Блэр: «Она говорит: «ужинать не будем, снимем секс видео».

Думаю: «забавно, у нас в таких на работу ходят..» И самое смешное то, что многие из таких девушек, которые в жизни ходят почти голыми, категорически против фото ню, публично высказываются, что это не прилично и они бы никогда.. Нет, они, правда, не видят, что в обычной жизни выглядят как шлюхи? И что фотосессия ню, точно бы ничего не изменила..

***

Утро в Париже.. Я стою у окна с чашкой кофе.. Передо мной открывается шикарный вид на Place de Vendome.. Еще только 8 утра, я очень редко встаю так рано, но сегодня особенный день… Сегодня открывается мой магазин одежды Hurynovich design. Встреча с журналистами, критиками, друзьями, коллегами – день обещает быть насыщенным.

Вспоминаю, как все начиналось.. С одной стороны я всегда хотела работать в модной индустрии, быть частью этого волшебного мира. Быть именно создателем, критиком, а не просто моделью.. Всегда мечтала сама создавать красивые вещи (то есть, не только придумывать модель, а уметь самой шить то, что я задумываю). Но как-то не думала заниматься этим всерьез.. Пока не ляпнула с горяча в разговоре с «потенциальным» коллегой:

-- Если бы я умела шить, я бы тебе уже давно бы отшила все макеты..

-- Так иди на курсы, я оплачу..

Безумная идея.. Которая воплотилась в реальность.. Я начала шить.. Сама создавать модели одежды.. Первое время мне все не давало покоя одна статья, в которой говорилось, что когда мы занимаемся по-настоящему «нашим» делом, это должно быть легко, и время, затраченное на работу совсем не чувствуется. Мне очень нравилось создавать одежду.. Но мне это давалось очень тяжело.. Может, конечно, из-за того, что я только начинала.. Теперь я знаю точно – если что-то дается тяжело, но очень нравится, не в коем случае не надо это бросать..

Мне до сих пор все это кажется безумным и невероятным… Начинать полностью новое для себя дело.. И в краткие сроки добиваться результата. Это реальный пример того, что возможно все. Я прям, когда пишу это, в голове крутится мысль: «О, вау, я, правда, сделала это?! Я воплощаю свои мечты в реальность?». Периодически перечитываю истории успеха известных людей, для вдохновения, и только сейчас понимаю, что моя собственная история тоже может вдохновлять.. Ну, меня, по крайней мере…

Просто очень раздражает, когда мама, например, или еще кто постоянно твердят, что так не бывает, что бедный человек и умрет бедным и т.д. Ну как не бывает, если вот оно! Есть миллионы примеров того, как люди добивались успеха из ничего! Даже примеры среди знакомых. Почему же многим так сложно поверить в то, что все возможно?.. И ладно, жизнь других.. Успехи других сложно воспринимать как реальность. Но в жизни каждого случается что-то такое, что, казалось бы, невероятным, что это исполняется.. Может какие-то мелочи, типа путешествия куда-то, или покупка нового телефона, или что-то серьезное, как начало новой карьеры или еще множество вещей.. Главное помнить о них. И техника благодарить каждый день за то хорошее, что мы имеем действительно помогает помнить о том, что чудеса случаются.

***

Шикарный мужчина готовит завтрак на моей кухне.. Пункт 51 в моем списке желаний «Хочу шикарного мужчину – идеальные отношения на мой вкус». Без конкретики, потому что мой вкус периодически может меняться.. Я не знаю сейчас, чего конкретно хочу в отношениях, я знаю только, что хочу шикарного мужчину, и чтобы все было, как я хочу.

В фильмах показываются такие красивые романы.. В реальности, если отношения и проходят красиво, может оказаться, что такие же «красивые» отношения у него еще с кем-то.. И вообще все отношения, которые я знаю (у друзей и родственников) – они какие-то бытовые… Не то, чтобы они только бытом занимаются.. Но отношения скорее дружественные, нету страсти, такого огня, такой изюминки.. И мне начинает казаться, что «изюминка» может быть только до начала серьезных отношений. И то, не у всех.. Или, «изюминка», страсть может быть только, если нет отношений..

Моя подруга пожелала мне на день рождения найти свою любовь… Это типа парня встретить?.. Я думаю, она это имела виду.. Мне хотелось сказать, что любовь есть в моей жизни.. Не в том смысле, что я встречаюсь с кем-то.. А в том, что я люблю множество вещей, например, то, чем я занимаюсь, люблю своих друзей, и вообще много чего, но когда говорят найти свою любовь никто не имеет в виду все это, обычно говорят об отношениях с противоположным полом. А если мне не надо это? Почему я должна находить эту «любовь»?? Я вообще не верю, в такую любовь между двумя людьми.. Я верю в то, что люди находят нужный для себя тип отношений.. Верю в то, что секси красавчики просто не могут не нравиться... Тут невольно влюбишься. Я не верю в бытовые отношения, когда встречаются долго и все идет ровно, одинаково скучно и без романтики, в том смысле что не дай бог мне найти такую «любовь». Пусть лучше будет совсем непонятно, странно, дико, и ничего стабильного, но с любимым человеком, с тем от кого все внутри замирает.

***

Интересный совет в книге «Миллионер за минуту».. Мысленно собрать для себя Команду мечты из любимых героев настоящего и прошлого. И представлять, как советуешься с ними, что они могли бы сказать в той или иной ситуации.. Мой список: Блэр Уолдорф, Клэр Андервуд, Джо Эн, Пуаро. Мне сложно представить, что сказала бы Клэр Андервуд или Пуаро, Или Джо Эн, что сказала бы Блэр, лучше не думать.. Часто вспоминаю ее фразу, если работаю допоздна (точнее до утра):

-- Блэр, ты бы поспала, зачем так изводишь себя?..

-- Сон для слабаков!

Еще там совет, быть добрее к людям, избавиться от ненависти и т.д. Я так долго работала над собой, чтобы стать тем, кто я есть.. И что, теперь заново учиться, что ли как не быть злобной сукой??! А если мне это нравится?..

Когда увидела клип Бейонсе "Bow down", была поражена тем как все красиво сделано – музыка, костюмы, сценарий.. Но когда посмотрела перевод песни…

Припев там:

"Bow down bitches! (…)"

Песня о ней, о ее жизни. Сначала были какие-то неприятные эмоции, после прочтения перевода.. Но потом я как-то увидела комментарии «фанов» на ее странице в инстаграме.. Столько ненависти, столько злобы и оскорблений… «Да теперь, ясно, почему она так поет..»

Они – эти комментаторы – пишут, что она обычная, комментируют внешность – указывают на недостатки, комментируют ее жизнь, пишут, как надо жить, что она все делает не так (в своем глазу бревно не видят)… Но, если бы она была «обычной», были бы у нее сотни таких злобных комментариев?.. Я отлично понимаю Бейонсе и других звезд, которые говорят в своих песнях, что они лучшие и что-то вроде «Преклонитесь сучки!» – это их ответ на всю ту злобу, что они получают в коментах. Они, возможно, и не считают себя идеальными – если почитать их интервью, можно понять, что многие селебрети страдают от множества комплексов, но когда к тебе столько внимания и чаще злобного, то подобные песни невольно будут появляться...

Если они ничем не лучше других, не более особенные, из-за своего таланта, то почему столько грязи на них льется запости они даже самые невинные фото?..

Начинаешь чувствовать себя особенной, когда другие вокруг ведут себя как-то особенно с тобой.. Это либо непонятная агрессия, или чересчур дружелюбное поведение, или полное игнорирование.. И задумываешься, если другие в тебе что-то такое видят, значит что-то есть?..

***

К теме дружбы и откровенности в отношениях.. С Леной мы не общаемся уже давно.. Типа отношения в норме, но она давно перестала рассказывать мне как у нее дела.. Когда я говорю о своих, не покидает чувство, будто я только хвастаюсь, потому, что никакой внятной реакции не получаю.. Мне не нравится это чувство, хотя я просто делюсь своими новостями.. И вижу, что она не горит желанием мне отвечать вообще, рассказывать о себе, я тоже перестала ей писать.. И она вообще пропала.. Как-то глупо даже.. Списывались, хотели встретиться, но не получилось.. Тогда решила написать, поделиться своими новостями, мыслями и т.д. Длинное письмо вышло – писала об отношениях, какие новости, о работе.. Накопилось.. В ответ только одно предложение с раздражением, и смысл такой: «Делай, что хочешь, что ты ко мне пристала?!». Совсем не дружеский диалог..

Раньше мы с ней не раз обсуждали, как глупо ведут себя мужики в отношениях, не говорят ничего прямо, а ты только гадай, почему они прекратили с тобой отношения.. Так смешно сейчас.. Потому, что никто в реальной жизни не обсуждает отношения – вот прямо сказать, например: мне не нравится, что ты общаешься с другими женщинами, мне начинает казаться, что я тебе не нравлюсь, ты меня не любишь, и возможно общаешься с другими, потому что они лучше меня.. Никто никогда не скажет что на самом деле у него в голове! Вместо этого, скандалы на пустом месте, придирки, обиды, холодность в отношениях.. Это бывает не только в любовных отношениях, но и в дружеских.. Но это блин тупо!

Не знаю.. Конечно, если отношения не ладятся в этом виноваты двое, так что, наверное, и моя вина есть в том, что отношения уже не те.. Может быть я слишком эгоистична? Но.. Не бывает неэгоистичных людей, как и не бывает полностью плохих или хороших, есть люди, которые тебе не подходят.. Или уже не подходят.. Может быть, если отношения не ладятся, не стоит за них бороться?.. Я сейчас не про кино говорю, в реальности, если есть проблема, это означает, что люди начинают идти разными дорогами и удерживать их — только пустая трата времени и нервов.

«До того, как в меня стреляли, я всегда думал, что я наполовину где-то в другом мире. Мне всегда казалось, что я как будто смотрел телевизор, вместо того, чтобы жить реальной жизнью. Иногда люди говорят, что в кино все происходящее неправдоподобно. Но на самом деле неправдоподобно все, что происходит в жизни. В фильмах эмоции сильны и реальны, а происходящее в жизни скорее похоже на телевизионное шоу, ничего не испытываешь».

Энди Уорхол[2]

Эта цитата, очень подходит, как мне кажется к этой ситуации.. И вообще отлично описывает жизнь.. Реальная жизнь выглядит очень нереальной.. почему друзья, которые были как семья вдруг от зависти прекращают все связи (было много таких примеров из моей жизни и жизни других людей). Любовные отношения в жизни не такие как в романах! Если такие – то, чаще всего, это лишь игра.. Реальные отношения не такие, что долго «завязываются», или прям с первого взгляда, и потом ничто не может их сломить.. Не раз замечаю, что в фильмах все идет гораздо логичнее.. В жизни же происходит много очень странных событий и ВСЕ идет не по плану! Может быть, в этом и есть план?.. Прожить странную, необъяснимую жизнь?..

***

---

[2] Фильм «Энди Уорхол: законченная картина».

В журнале была статья «Как перестать следить за бывшими в соцсетях». Только из-за нее и купила журнал.. Но что-то ответа так и не получила.. Мне порядком надоело периодически просматривать что там у него нового.. Сидишь, че-то скучно.. Дайка, гляну что там у него, вдруг, новые фотки? Хорошо, что хоть просматриваю профили не всех своих бывших, а только последнего.. ПрофилИ – его, и его телки. Нет, в который раз, убеждаюсь, что надо быть слепым и полным идиотом, чтобы ее выбрать.. Она пафосная тупая сука. Чувствую себя слегка.. плохой, что ли, когда так говорю о ней.. И она сама советовала мне быть добрее к людям.. И я, конечно, понимаю, что ненавистью, и вообще мыслями о ней, я себе лучше точно не сделаю.. Но что, если я правда считаю ее тупой пафосной сукой? И сложно забыть обо всем этом, потому что у меня не склероз.. И я, правда, не понимаю, как можно ее выбрать.. Просто загадка для меня! И что, если мне нравится быть такой?..

Это нормально ненавидеть кого-то – точнее, когда тебе кто-то конкретно не нравится, это нормально говорить грубости о людях, по крайней мере, себе. Быть всегда «добрым» – это фальш и лицемерие. Ладно, в жопу его и его телку. Меня очень впечатлил тест Фрейда, там был вопрос: «Вы уставшие в пустыне видите по дороге кувшин с водой. Что Вы сделаете?»

Я ответила: «Выпью сразу (и представила, как схвачу кувшин и буду жадно пить воду), выпью, но не все, возьму кувшин с собой..» Это «Ваша сексуальная избирательность. Выбор партнёра.» При первом прочтении я увидела только, что я «беру» отношения с собой.. И это правда так.. Не то, чтобы я не могу забыть отношения, которые уже в прошлом.. Я с удовольствием о них вспоминаю.. И мне это не понравилось, когда я поняла, что это мне нравится.. Решила перестать жить прошлым.

Сейчас, когда я это прочла, я увидела, что я «бросаюсь на первого встречного».. И правда.. Любой симпатичный парень, и я думаю, вдруг все получится, вдруг будет сказка, вдруг чудесным образом он возьмется за ум, бросит всех своих телок, займется карьерой, станет акулой, станет тем, кого я хочу. И я даже не могла предположить, что на этот вопрос могу быть другие ответы! Ты в пустыне, устал, видишь воду.. Что с ней делать? Конечно же, выпить скорей! Интересный ответ дала моя подруга: «Зависит от того, что я делаю в пустыне.. Вдруг я на сафари, и через час буду в отеле..» Почему я представила себя изможденной и обрадовавшейся первому попавшемуся кувшину воды?? Ведь, есть шанс, что через час я могу быть в отеле и зачем мне пить сомнительную мутную воду? (Да, сейчас представляя такую ситуацию, я смотрю в кувшин и вижу там воду с песком.. и не пью ее).

Ответила заново на другие вопросы из теста.. «Табун лошадей. (пишите первое, что приходит в голову, не думайте долго)»

«Красота, сила, быстро».

«Это твоё отношение к мужчинам». Так вот какие мне суждены отношения.. «Быстро».. Но, честно, я не верю, что отношения могут длиться долго.. Я имею в виду, настоящие страстные отношения, любовь.. Что если влюбляешься в другого? А я влюбляюсь.. Мне нравится далеко не один мужчина.. Что если хочется, дико хочется другого? Я не могу и не хочу себе в чем то отказывать.. Я хочу получить от жизни все! И только отношения, в которых ты полностью счастлив и не просто счастлив, а в которых ты чувствуешь «верх» счастья и удовольствия стоят того, чтобы в них состоять.

Следующий вопрос: «Ты всматриваешься в море. Твое первое ощущение?»

Райан Филипп

«Это твоё отношение к жизни, эмоции, ощущения». Мое отношение к жизни – это Райан Филип…

***

Вот ужасно себя чувствую, когда высказываюсь о ком-то плохо, или даже думаю.. Но ведь не бывает так, чтобы тебе нравились абсолютно все! Во всех этих книгах по успеху говорится, что зависть, злость и прочие негативные эмоции очень вредны для человека и нужно от них избавляться, чтобы достичь успеха в той или иной сфере.

Не знаю, если ли смысл говорить, что это плохо, если это есть и от этого никуда не уйдешь.. Даже самые «добрые» и интеллигентные люди иногда недоброжелательно высказываются о конкурентах, например, критику можно услышать от кого угодно, и ненависть и злость.. Так если это норма, но почему это считается таким плохим?.. По-моему список грехов – это утопия – в том смысле, что не возможно для человеческой натуры не совершать этих поступков, которые называются грехами.. Там, например, обжорство, мужеложество, сплетни (это грех?) (первое, что пришло в голову). И только из-за подобных утопических правил возникает необоснованное чувство собственного не достоинства..

***

У подруги в последнее время появляется много красивых модельных фото..

Я: Алекс, ты в модели метишь, или мужика цепляешь?)

Alexandra: Не знаю, тоску гоняю

Аххa

Я:)) ты счас где в питере? чем там занимаешься?

Alexandra: Таня, в питере

живу на две страны

половину времени там была

и половину тут

теперь вот приехала недавно

ничем не занимаюсь

как дура

ты как? мастерица на все руки?

Я: мастерица))) я тоже ничем не занимаюсь))) блин ложусь посл недели в 9-10 утра и встаю в 7-8 вечера))) ниче не могу и не хочу делать, хочу в америку)

Alexandra: я тоже как сука хочу в америку

но

я и шенген получить не могу

!!! у нас ввели биометрику

и теперь надо опять на месяц минимум в украину

мне осточертели эти бумажные тюрьмы!!!

Я:)) блин.. ну ты главное не теряй надежды) главное позитивный подход! я тоже долго и не надеялась получить визу.. но вот... она есть..

Alexandra: так погоди

ты уже сделала

?

Я: шенген --да

Alexandra: аа, ну шенген это понятно

но мечтаю о гринкарте

в америку есть еще какие то варианты?

у тебя кстати жениха все это время так и не появилось?

Я: ха ха и парня тоже не появилось)) а у тебя??

Alexandra: блять, Таня, у меня тут этот год такие качели были мне прям и говорить стыдно

я потом в психушке лечилась

сейчас сама

уже три месяца

Смайлик «smile»

Я: ого...качели?.. 2 парня?... и в психушке?????? как ты туда попала????? думала это только в фильмах так бывает...

Alexandra: ну нервы мне потрепало, а потом отходила долго. щас все наладилось

за исключением того что я типа как лечусь и мне нельзя много всего

короче мужчины это не мое

ааха

Я: ого!.. в кого ты так влюбилась?.. русский ? украинец?

у меня никогда не было серьез отношений.. вот был любовник но зимой с ним порвала (он встречался все это время с одной тупой и страшной телкой, что меня взбесило.. в начале наших отношений я о ней знала, а потом когда мы продолжили, я думала что ее нет.. а оказалось что есть...) и с тех пор вообще никого....

Alexandra: О господи ! И как ты переносишь свои разрывы ? Тебя не разносит ? Я не могу, близко в душу пускаю

Он укр был

Но о нем все. КонЕц

Я: ну у нас близко не было.. я тебя понимаю иногда влюбляюсь тоже что крышу сносит.. но одновременно бессознательно не подпускаю к себе.. то есть как бы и ничего и нет))

и что этот не захотел быть с тобой?) идиот! просто я терь немного по другому отношения воспринимаю.. не как что то-- любовь.. а как состояние жизни.. когда я была в депрессиях.. находила се такого парня, чтоб страдать.. когда была в хорошем легком настроении но еще немного в депрессии, находила се такого..

у тебя просто в жизни проблемы, поэтому и от "любви " разносит...

Alexandra: Ты насколько я тебя помню вообще отношения всегда строила для меня странно. Ну я не говорю что плохо, но у нас всегда было разное восприятие. И я хочу воспринимать так как ты. Я с тем парнем который если ты помнишь я тебе год назад говорила . У нас бешеная любовь была, он развелся, но эта страсть не приспособлена для жизни. Мы расстались на обоюдном. Потому что так жить нельзя

Я: ты писала что у тебя в укр есть парень, потом влюбилась в питере несерьезно.. вроде.. там ночевал у тебя чел..

Alexandra: Да

Именно тот тип

Я: что ночевал?? ты с ним замутила??

и он развелся??

Alexandra: Я с ним чуть не обвенчалась

Да

Но щас он обратно походу

Но я не знаю

Я о нем не знаю ничего

После того как мы расстались

Я: а ты говорила просто друг)) типа дружба у вас все)) я те сказала, мужик ночует, цветы дарит -- тут явно че то другое..

Alexandra: Ну да

Таня, ну я бы тогда не смогла от него отморозиться

Мы повлюблялись

Я: ясно.. я тоже увлекаюсь дико... раньше особенно.. пару лет влюблена была в одного -- обычного парня! и так его вниманием обволакивала, что тот бедный испугался и не мог понять что такое... спустя время - счас вот я сама не могу понять что

это было)))

Alexandra: Ну было и было. Наверное, опыт

Я: просто к теме о "сумасшедшей" любви.. тогда мне было оч хреново.. была не на своем месте.. вот и такие "страстные" отношения.. истеричные скорее.. когда в жизни все норм и отношения становятся норм.. уже не воспринимаешь все так как конец света..

Alexandra: Ты абсолютно права! Это было нездорово! Надо собой заниматься а не выкладывать душу мужикам, так нельзя, от меня полтела оторвало когда мы расстались

Я: тебе нужно жизнь налаживать -- искать свое дело, себя реализовать, а то так ты все себя "реализовывала" в отношениях..

Alexandra: Да, именно так, но как себя реализовывать я не знаю, я тут в раше бесправная

У меня и таких талантов нет

Как у некоторых Смайлик «wink»

Я: ха ха)) Алекс, ты оч умная и красивая! у тебя много талантов! счас книгу скину (я счас читаю сразу 10 где то по успеху)) в этой книге там инструкция как открыть в себе талант есть и как добиться успеха "Миллионер за минуту" называется

Alexandra: Давай

Скинь:)

А то я гнию с палаником

Я: обязательно!! начинай уже!

кстати, можно включить этот диалог в книгу... Смайлик «kiki» у меня уже приняли роман к рассмотрению (в порядке очереди) хоть там и не достает объема.. так вот я работаю над тем, чтоб там был нужный объем.. можно включить это диалог?) я изменю имя..

Alexandra: Конечно:)

Ахахаха

Я:))) ну ты знаешь -- это моя фишка -- реальные переписки) по-моему это круто и на сайте где был опубликован текст -- коментили что крутая идея)

Alexandra: Мы все еще для романа переписываемся?

Я: а у же нет)))) кстати, думала, ты откажешь)) моя подруга с которой мы раньше так общались, больше не хочет участвовать..

Alexandra: Почему

Ну если имя изменить

Я: кстати, какое хочешь?

Alexandra: не знаю даж

Я: короче будешь александра)))

Alexandra: Хочу бестселлер чтоб у тебя был

Блин впредь я буду более фатальной

В разговорах с тобой

Красноречивой

Я: фатальной))))) не, будь реальной!)))

Alexandra: Реальной? Да я живу сейчас всем своим видом показывая как мне легко далось это расставание, а на самом деле я нарочно сошла с ума и решила что так легче просто фантазировать как будто он есть. Вижу его клянусь каждую ночь, ложусь спать как на свидание ! И огорчаюсь когда снится что то другое. Я не хочу ничего знать о его реальной жизни , если я полюбила его образ , а не его настоящего, то почему я должна разлюбить этот образ, если его настоящего другого рядом больше нет. Он и мое видение это совершенно разные вещи

Я: ага.. понимаю... я тоже когда была "влюблена" пока его не видела и когда встречалась с ним невольно отмечала про себя (даже боясь признаться себе) вот в этого я влюблена??)))

Alexandra: Да, бывает такое. Мне не хватает всё равно этого адреналина. Теперь приходится ходить в парк аттракционов на самые страшные карусели

На которые раньше меня ничем не заманить

Я: да, тебе надо срочно занятие -- именно работа, реализация себя! у тебя кстати тоже талант в рисовании! я офигела когда увидела твой быстрый портрет мужика какого то

кстати это не он?))

Alexandra: Таня, Таня, Таня, Таня, Таня, Таня, Таня, Таня

Не хочу развивать пока

Это не тот случай, когда я типа такая вся пережившая ничего не чувствую

Только что зашла на инсту его жены

Да они вместе

Я: скинь и мне))

профиль

Alexandra: Таня там нечего обсуждать уже

У меня виза в оаэ

Открыта

Не хочешь полететь в июле

На недельку потусим

В июле

Я: в ОАЭ, это не опечатка?)) а чего ты туда визу открывала?

Alexandra: Да

Эмираты

Да хотела поехать

Еще в мае

Предлагали хороший тур недорогой

Но пока я пыталась деньги перевести

Получилась ошибка

И я проебала

Я:))))

Ну не знаю.. у меня ж еще выставка в лондоне в конце июля.. там одна картина.. если тут будет все ок, хочу сделать доки в англию и поехать на нее, другие поездки пока не планирую

так а где ты там живешь в питере?

Alexandra: Там же

Я: в квартире своего бывшего парня?)

Alexandra: Да

Я: а он как на это смотрит?)

Alexandra: Нормально

Я: почему он еще не приехал?

Alexandra: Мы как сожители

Приехал

Видел все

Я ж уходила от него

Жила с тем

Я: оо... а где с тем жили?..

Alexandra: А в его квартиру

Я: так там же жена

Alexandra: С тем снимали

Пхахахахахах

Не от жены он же ушел тогда

Короче как показала жизнь я оказалась типичной ебанутой бабой, верящей в чудеса, а раньше казалось что мння это минет

Я: что Мння? Минет?

Alexandra: Ну что со мной такого не случится

Не минет Таня

Минет это сосать, а минет это глагол

В айфоне йо буквы нет

Я: ааа))))

)))) я думала ты хотела сказать -- мое -- это минет))))

типа, ты такая жесткая..)))) а не там в чудеса какие то веришь))

ну блин.. ты как ураган! тебе это надо энергию неуемную в работу, в развлечения, а не все в любовь!

Alexandra: Пхахахахахах

Бля !!! Русский язык- кладезь

Сосать- не мое

Ты охеренная,, мне нравится твой подход к жизни

Ну не то, что жизнь говно, а то, что жить надо вне шаблонов

Шаблоны рушатся на глазах

Тебе никто не нужен для того чтоб наполнить жизнь смыслом, ты сама для себя смысл. Для многих отношения - это основной фактор который делает жизнь более менее сносной. Они рожают детей заводят семьи чтоб оправдать собственную несостоятельность, типа я женщина я жена и мать, а по сути кто бы что не говорил, это самый простой и незамысловатый способ реализовать себя. Создаешь ячейку общества, приправляешь ипотекой и обана - все не так порожне, как могло бы быть

Но это природа, это самое простое что бывает в животном мире- размножаться, естественная функция такая же как обмен веществ и смерть

Я: ха ха согласна!!! у мамы знакомой дочь – в 14 лет уже серьезные отношения! там родители знакомы с друг другом, приезжает с парнем на барбекю к родственникам)) я думаю, бля какая наивная))) еще такой глупый ребенок))

Alexandra: Ну и как вывод, глядя на многих женщин: очень многие ждут мужчину и мечтают о том , кого они сами в принципе недостойны

Я: не то чтоб я была против отношений.. раньше всегда влюблялась но в тоже время отталкивала "любовь", и загонялась "бля меня никто не любит" на самом деле просто не в тех влюблялась.. мне нужен реально крутой чел.. и который не ищет там себе идеальную куклу служанку, а которому нужна буду реально я.

Alexandra: Именно так

Я: про недостойных женщин.. я вижу в реальности наоборот, клевых девок которые почему то этого не видят, находят каких то лохов... блин это ж губительно скажем так)) и для мужиков.. нет стимула становиться лучше

Alexandra: Клевые девки это какие?

Это красивые

Или харизматчгые

Или успешные

Просто даже мои сногсшибательные подруги попросту ждут чувака который решит все их материальные проблемы и ляжет теплый рядом

Я: ну много вот подруг с которыми я росла, которые не только красивые и умные, но в целом класные но мужики у них.. хотя наверно это мое субъективно мнение.. я вижу в них как в подругах лучшее, хотя в жизни не сходятся люди которые не подходят друг другу

то есть хочу сказать, что наверно эти мужики для них и ок..

Alexandra: Хороших мужиков разбирают щенками и чем мы становимся лучше , мудрее, тем меньше встретить норм мужской материал для взаимодействия с ним

Меньше шансов"

Я:))) щенками)) ну отчасти согласна... но блин такое видение --- что надо скорей брать щенка, а то не будет губительно для всех... не надо бояться что не найдешь никого.. не находишь -- значит те он нахер надо..

Alexandra: Это так, но стереотипы давят ... Вокруг все такие за ручку, такие целостные, состоявшиеся.

Как то одной не по себе. Никогда не любила кошек, не хочу быть вынужденной завести пару тройку кошек , чтоб было не так одиноко

Я: я понимаю о чем ты... но.. не надо кошек!! по крайней мере 3! тебе надо срочно начать читать книгу! и все наладить в жизни! тогда не будешь загоняться парнями и кошками)

Alexandra: Прочитаю книгу конечно! Я со стороны выгляжу одержимой тп?

Честно

Не жалей меня

Я: нет) ты выглядишь на удивление нормальной и оптимистичной!

в жопу мужика который заставляет чувствовать тебя тп..

Alexandra: а книгу твою дашь посчитаться

?

Почитать

Я: конечно! как раз хотела предложить! только допишу... а то я все переписываю и переписываю.. надо сделать окончательный вариант.. вот мне чуток тока осталось..

Alexandra: Не терпится почитать

Я: новая версия просто супер будет!)

Просмотрено 2:33

***

«Мы рекомендуем и вам составить список из 4-6 человек, которых вы хотели бы видеть в составе своей группы «коллективного разума». Выберите тех, в кого верите, кто может внести вклад в ваш успех, и кому вы обязуетесь, в свою очередь, тоже помогать

(...)

Эти встречи могут дать вам очень многое — дельные советы, рекомендации, инструкции, самое главное, поддержку. Там вы можете заранее отрепетировать с помощью метода ролевых игр предстоящую вам трудную презентацию или выступление; рассматривать бизнес-планы друг друга, деловые стратегии и идеи»[3].

Продолжаю читать вдохновляющие книги.. Уже не первый раз вижу про эту идею «мозгового центра» и про то, что успеха можно добиться только группой… Но, на основе жизненного и рабочего опыта я убеждаюсь, что добиться успеха или хоть какого-то прогресса можно только одному.. Что если у меня нет друзей мечтающих о большем? Я имею в виду тех, кто реально верит в то, что можно всего добиться, знает чего хочет, и готов идти к этому?.. Дальше из книги:

«Вы должны окружить себя людьми, уже достигшими, грубо говоря, того уровня, на который вы хотите выйти. Они-то и втянут вас в более крупную игру».

А так вот оно в чем дело.. Да, среди моих знакомых нет Бейонсе или Шарлиз Терон, но в другой книге была приведена очень интересная и вдохновляющая история успеха, как девушка (в прошлом официантка) собрала команду «орлов-

[3] Кэнфилд, Дж., Хансен, М. В. Фактор Аладдина / Дж. Кэнфилд, М. В. Хансен ; пер. с англ. Е. Г. Гендель. — Мн. : «Попурри», 2007. — 432 с. : ил. — ISBN 978-985-483-916-5.

миллионеров» — своих друзей, новичков в деле зарабатывания больших денег. И они за 3 месяца заработали миллион.. С нуля.. Методом «мозгового штурма»… Как у них это получилось??!! Все мои попытки поговорить всерьез о планах на жизнь с друзьями как-то ни к чему не приводят.. Они не говорят чего хотят и что планируют.. Потом как-то устраиваются на какую-то работу и работают..

Я не просто так пытаюсь выбить у них ответ на вопрос: «Чего ты хочешь, чем ты хочешь заниматься?». Я пытаюсь выявить потенциального партнера.. Но все, что я выявила — среди моих знакомых — партнеров для меня явно нет.. Они даже говорить мне о своих планах не хотят! Или скорее, у них и нет никаких планов, что тоже, в общем-то, означает, что надо бросить эту затею..

У меня есть один друг, который считает меня талантливой, готов в меня вкладывать (и вкладывает) и мечты у нас схожие! И мы дружим..Можем сговариваться.. Но, не относительно работы… Тут все тщетно.. Возможно, он не хочет начинать свой бизнес, поэтому у нас ничего не выходит..

«Метод стимулирования сознания посредством заинтересованного обсуждения тремя людьми совершенно конкретных проблем — это, пожалуй,

простейшая и наиболее практическая иллюстрация к использованию принципа «мозгового центра»[4].

Может моя проблема в том, что я никогда не упоминала идею «мозгового центра»? Или, что, возможно, у нас может получиться какое-то сотрудничество в будущем? Хотя, что-то такое я упоминала.. Меня не воспринимают всерьез..

Ладно, кажется, я поняла.. Если твой круг не воспринимает тебя всерьез, надо менять этот круг! Но.. Я знаю нескольких людей, у которых доход выше среднего и которые реализовали себя в той сфере, которую они выбрали.. Что-то никто из них не спешит делиться секретами успеха! И когда просишь конкретный совет, просишь помочь в чем-либо, они не дают конкретных советов и не спешат помогать, точнее вообще не помогают.. Я хочу сказать только, что пока мне очень сложно поверить в то, что группой умов можно добиться большего успеха.. В теории да, но на практике каждый стремится обеспечить успех себе, и тои советы или информацию никто не воспринимает всерьез.

***

---

[4] Наполеон Хилл «Думай и богатей»

Листаю журнал, в котором есть мое интервью.. В детстве мне всегда было интересно, что чувствуют звезды, видя себя на обложке журнала, или вообще, когда о тебе пишут, или пишешь ты? Мне казалось, что наверно, они ощущают себя почти богом.. Ну, или.. не знаю, супер звездой..

На самом деле, ничего особенного.. Когда выходит первое интервью – ну да, это восторг, радость, это круто, но радость быстро проходит и ты это воспринимаешь как что-то естественное... Наверное, поэтому, все это и реально, потому что воспринимается как «так и должно быть и в этом нет ничего особенного». Давно заметила, что то, что я считаю чем-то невероятно крутым и недосягаемым, таким и остается в жизни.. Что бы это ни было.. Даже самое «простое», например, купить сумку Victoria Beckham. Но как только, ты решишь, что это вполне реально и в этом нет ничего сверхъестественного, тогда сумка твоя!

Я, хоть уже и знаю, что это правило работает, мне все еще сложно, поверить в некоторые вещи.. Что они могут быть для меня реальными.. Но я работаю над собой, даже когда описываю в книге какие-то события, я вижу по своему опыту, что многое из того, о чем я мечтала где-то глубоко и даже не в серьез, многое из этого сбывается.. Нужно смело верить в то, что все может сбыться! И не бояться говорить о своих планах и мечтах всем вокруг!

В Беларуси, почти никто не говорит о каких-то своих амбициозных планах.. Боятся сглаза что ли.. Не знаю как у других.. Но смотря по себе, если я жду чего-то, какого-то события, и все вроде бы идет по плану и я особо не распространяюсь по этому, думая, расскажу всем после того, как все сбудется, чаще всего оно не сбывается.. И так было не раз.. Прочла интересную статью в Glamour «Как изменить жизнь». Так вот там пишется, что важно рассказать об этом всем — что ты решил все изменить — в соц сетях, друзьям и т.д. Тогда будет мощный стимул не облажать.. И я вижу по опыту, если я начинаю новую картину и выкладываю в сеть с самого начала — только наброски — картина в итоге получается, не смотря на мое волнение: вдруг не выйдет.. И так было много раз.. Что я убедилась, что сглаза точно не стоит бояться.. И не стоит бояться всем рассказывать о своих планах.. Ну и что, если подумают, что ты ненормальный?.. Зачем нужны такие друзья/знакомые, которые не понимают, не принимают или завидуют твоим идеям, планам?.. ну и что, если что-то не получится?? Это не конец света! Ты, хотя бы, что-то попытался сделать.. И зачастую, если что-то пытаешься сделать, что-то и получается…

И мне кажется, что как стимул это тоже работает.. Не раз ловила себя на мысли: «Может ну его, не буду ниче шить из этой ткани, это какое-то убийство..». Но потом думаю: «Ну как так?.. Я ж уже и в соц сетях написала, что шью…» И работа продолжается.. Попробуйте говорить публично о том, чего хочется и чего, как вы считаете вы достигнете, и посмотрите на результат…

***

Счастье.. Хотела сказать, что мне часто говорят, типа счастье можно найти везде, что счастье есть в Беларуси и счастье можно прочувствовать в мелочах. Хотела, но вдруг вспомнила, что мне уже давно такого не говорят.. Точнее, со мной вообще боятся говорить о чем-либо.. И мне это нравится.. Но сейчас не об этом.. Да, я чувствую счастье, когда, например, пью кофе и смотрю любимый сериал, но не всю же жизнь пить только кофе и смотреть сериалы… Хочется достичь чего-то большего.. И не «поднимать целину» в Беларуси или просто тупо выживать тут. Хочется лучшего! Хочется, всего мира..

Мне очень понравился фильм с Кейт Босуорд, где она и ее подруга мечтали, как будут править миром, и в итоге героиня Кейт стала такой – добилась чего мечтала, стала той, кем хочет быть, а ее подружка залетела и в итоге признала, что ей это все – завоевание мира – нафиг надо.. Бля, ну как можно такой быть? Как можно открыто это признавать??!! Неужели есть люди, которым не хочется чего-то большего?.. (Я знаю, что есть, просто теряюсь в догадках почему?) Я не говорю сейчас о бессметных богатствах и мировой власти.. Но неужели не хочется просто быть сегодня хотя бы на ступень лучше чем, чем ты был вчера? Получить то, чего, ты хочешь? Да, желания у всех разные, кто-то счастлив живя в жопе, с маленьким ребенком и на убогой работе (сейчас пронеслась мысль, кто я, чтобы судить.. но, меня судят, постоянно что-то советуют, «как изменить жизнь» и я тут просто высказываю свои мысли, да и судить о других свойственно человеческой натуре..)

Когда я пощу какие-то «амбициозные», скажем так, статусы, какие-то свои начинания, в которых я не уверена, будет ли продолжение.. Я иногда думаю, может, это слишком? Может у меня еще ничего не выйдет?.. Потом, думаю: «Ну и что????? По крайней мере, я что-то пробую! По крайней мере, я могу открыто сказать, чего хочу! И в этом нет ничего плохого или странного, в том, чтобы хотеть большего...»

***

Когда я была ребенком я мечтала о профессии актрисы или певицы или какое-нибудь свое собственное дело (руководить) – что-то такое, чтобы не работать.. Какая наивная была.. Все понимала не так, как оно есть на самом деле.. Как раз таки те, кто не хотят работать (на себя, на свои собственные мечты и желания) выбирают работу в офисе или еще где, тяжелую и нудную. А такая работа как актером требует огромной силы воли (открыться публике, работать, быть публичной персоной).

Я хочу сказать, что тяжело работать – просто.. Гораздо проще, не задумываться о том, чего ты хочешь на самом деле (да, именно задуматься и решиться и есть самое сложное); гораздо проще идти работать туда, что первое найдется и жаловаться на весь мир.

В книге «Осмельтесь преуспеть»[5] говорится, что единственная причина, почему мы не получаем то, чего хотим – страх.. Страх перед неизвестным, страх, что нам ничего не удастся и т.д. И чтобы получить желаемое, надо осмелиться на это.. Идея может показаться довольно странной.. В теории – я хочу быть

---

[5] Дж.Кэнфилд, М.В.Хансен - Осмельтесь преуспеть. Мн.: «Попурри», 2006. — 288 с.

миллионером и глупо этого бояться.. Но на практике.. Любые действия, новые начинания – там не просто «устроиться на работу», а например, превратить свое хобби в работу.. начать петь, если ты всю жизнь только писал – вот это все страшно до ужаса, особенно, если есть скептицизм со стороны близких друзей и родственников. Страшно жить своей жизнью.

Да, я тоже раньше жаловалась! Долго и многим.. Не знаю, мне казалось, что и правда все плохо.. Нет, все было плохо.. Потому, что я была не на своем месте.. Но жаловаться это совсем не продуктивно.. Да, я пробовала что-то менять.. но не в том направлении. В принципе, откуда мне было знать, где правильное? В общем, мне не в чем себя упрекнуть, я пробовала что-то изменить, идти к целям, которые, как мне казалось, мне нужны.. (Что-то нужно было, а что-то нет). Моя ошибка была лишь в том, что я ставила слишком мелкие цели для начала..

Не помню уже, в какой из книг «по успеху» было написано: «Желайте большего, и большее дано будет вам». Как просто.. Я же, желая быть миллионером, все силы отдавала на написание статей за 20 евро.. И постоянно жаловалась, что жизнь говно.. Ну да – так тяжело работать и без отдачи.. И на что я надеялась? Что случится чудо, и мне начнут за ту же работу платить больше? Как много времени мне понадобилось, для того чтобы отпустить этот «утопающий корабль» своей мечты, за который я хваталась мертвой хваткой. Несчастье возникает, когда ты не на своем месте и даже не на пути к нему..

Я хотела.. Скорее, знала, всегда была уверена, что я буду богатой и известной, миллиардером, бизнесвумен, возможно актрисой (хотелось что-нибудь творческое).. Думала, что когда-нибудь – скоро, но не прям сейчас—я все это получу.. а пока займусь чем-нибудь.. Пробовала устроиться на работу (журналистом, маркетологом) и т.д... Но меня не брали из-за моих «высоких амбиций», даже так прямо иногда и говорили.. Даже посторонние люди понимали, что мне надо другое.. Почему я такой тугадум, не понимала, что если я хочу быть миллинером, миллиардером мне нужно идти в сферы, где есть такие деньги, а чтобы быть счастливой, мне надо заниматься делом, которое приносит счастье.. Своим делом.. Писательство, искусство, бизнес – это то, что мое.. И важно понять, что тебе на самом деле нужно и не просто понять, а осмелиться приблизиться к этому..

***

Роскошный отель.. Утро. Париж.. На столе недопитая бутылка вина.. Вино осталось?.. Ну да.. мы же перешли на текилу.. В постеле роскошный мужчина.. Пока он спит, решила по-быстрому набросать пару заметок для следующего рассказа.. Ведь встреча с редактором на счет публикации моей новой книги уже после завтра, а у меня еще почти ничего нет!! Я всегда пишу о том, что происходит реально.. О своих отношениях.. Но сложно так писать в период активного развития отношений.. Мой парень.. ему нравится как я пишу.. Но другое дело писать о нем, когда он рядом и постоянно наровит подсмотреть что там написано нового.. Хорошо, что он не понимает по-русски. Хотя, наверно скоро мне придется перейти на английский, так как книга выйдет на этом языке, и проще сразу писать так. Хотя я уже 80% времени общаюсь только на английском.. оставшееся 20 – на французском!)) Мы же в Париже..

Кажется.. он просыпается.. (Я когда пишу, громко нажимаю на клавиши..) И вот мой шикарный мужчина уже на мне (дописываю это уже после…)

Сегодня будет прекрасный день.. И не только потому, что я в Париже, у меня отлично складывается карьера и со мной тут прекрасный принц, а потому, что сегодня я покупаю квартиру тут, в этом красивейшем городе сказке, городе мечте, мои мечты становятся реальными…

***

Начинаю писать новую книгу.. Может быть написать драму?.. Но, что-то в последнее время мне мало что кажется драмой.. Недавно посмотрела фильм «Третья персона», мне очень понравился, но героиня Милы Кунис мне кажется странной. В фильме у нее отобрали ребенка после несчастного случая, случившегося с ним.. В фильме ее жизнь кажется ужасной.. Но она сама же все это сделала! Устроилась на работу горничной, хотя ей предлагали работу получше.. Опоздала на встречу, где принималось решение об опеке… Опять же, сама виновата.. И те «обстоятельства» в фильме, очень не убедительны (что это типа не она виновата), надо было отпроситься с работы! И потом она еще пришла к бывшему мужу и рассказала, что это она пыталась убить ребенка (так как тот, поставил условие сознаться, чтобы иметь возможность видеться с сыном) Ну… Надо было думать, что если ты скажешь, что пыталась убить сына, то отец никогда в жизни его не пустит к тебе.. Тут все логично.. Не надо было тупить. В общем, мне героиня показалась очень странной..

Я считаю действительно драмой, когда теряешь близкого человека.. В смысле он умирает.. И то, фильмы на эту тему, где главный герой ненавидит все и всех вокруг после смерти кого-то из близких, тоже не сильно впечатляют.. В положительном смысле – нет сопереживания герою. Хочется сказать: «да, все это печально, но надо же взять себя в руки!»

Или, я считаю драмой фильмы-биографии известных людей – истории успеха. Если так посмотреть, то многих гуру моды, кинематографии, бизнеса и т.д. всю жизнь пытались «задавить». Такие известные таланты, как Ван Гог, Коко Шанель, Стив Джобс и др., которые вошли в историю, и сейчас об их жизни снимают фильмы, самим им на протяжении всей жизни приходилось доказывать, что они чего-то стоят. Первый успех, не будет продолжительным, они создают что-то новое и снова волна сопротивления и непонимания, но, со временем, «новинка» приживается, и потом все снова по кругу. Когда тебя не понимают, вот, что драматично.. Когда тебе всю жизнь говорят, что ты ничего не стоишь, а после смерти о тебе пишут книги, снимают фильмы и т.д. – вот что настоящая драма.

***

Luxury life… Джорж Клуни сказал: «Не в деньгах счастье.. Но не забудьте ими обзавестись, прежде чем сказать такую глупость». Мне кажется, довольно глупым рассуждать на тему, почему с деньгами жить лучше.. Это же очевидно! Но, все еще встречаются люди, которые смело утверждают, что не в деньгах счастье.. Конечно, не в самих деньгах.. А в возможностях, которые ты получаешь с ними… Стоит ли говорить, что это возможность быть собой – выглядеть как хочешь ты, оплачивать образование, которое тебе интересно, выбирать занятие по душе, строить бизнес и т.д. Вот чего мне не хватало, когда я писала статусы, что «жизнь говно». Без денег она и правда.. не супер..

Еще многие мои знакомые в Беларуси, любят говорить, что в другой стране не будет житься лучше, что везде свои проблемы.. и везде одинаково.. Все вспоминаю, как лет в 12 приезжала в Минск, гуляла по улицам и думала: «Это же столица.. Как Вашингтон, например.. Или как Париж..» Но что-то такого чувства «вау..» никак не появлялось.. Потому что Минск – это не Вашингтон и не Париж. И везде все разное! Даже в пределах одной страны. Будет разницы в жизни, живешь ты в Минске, или в Лос-Анджелесе или в Пхеньяне.. И не стоит слушать людей которые говорят всякие глупости.

***

Зря я посмотрела его страницу... У него пару дней назад был день рождения.. Я держалась, не заходила туда.. Не заходила больше, чтобы пересмотреть наши сообщения.. И вот что-то.. «Светлая память» ему... Как можно так писать?.... В смысле так больно........... И вот я плачу, что даже не могу писать. Я все еще не верю, что он мертв, я это понимаю, но не могу поверить.

Какая большая разница – не общаться с ним, когда он жив и периодически онлайн, и когда я знаю, что он больше никогда не ответит

Это все еще раз убедило меня в том, что надо говорить человеку то, что чувствуешь, не оставлять на будущее, так как любимый человек может внезапно умереть..

Наша последняя встреча.. Ты поцеловал меня как в последний раз.. Тогда я не предала этому значения.. Думала, что просто предполагая, что мы долго не увидимся.. Но сейчас.. Мне очень больно, что тебя больше нет

***

Один дорогой для меня человек сказал в своем интервью, что хотел полететь в космос, но ему удалось только забраться на верхушку дерева. Я понимаю, о чем он, так как хорошо знала его.. И знаю себя.. Пока я топчусь у дерева и только пробую вскарабкаться на него..

Часто вспоминаю эти его слова… И это стимул, карабкаться сначала на дерево, а потом и в космос, добиваться того, чего хочу.. Еще смерть – это мощный стимул жить так, как хочется, потому что понимаешь, что все может закончиться в любой момент, так, зачем ждать чего-то? откладывать…

***

Дождь, город.. Кажется это Лондон.. Такой запах, деревья, я почувствовала себя здесь как дома.. Может быть, это связано с летом? Это особое чувство внутри.. Странное необычное ощущение было еще потому, что шел дождь и было солнце.. Пока был еще мелкий дождь, а я без зонта.. Я быстро иду, зайти в кафе? Пока этот (сказать мерзкий, не поворачивается язык) дождь (так как сегодня он особенный), не испортил прическу и макияж… Но.. Я иду быстро, потому что, мне показалось, что за мной идет..

человек… он.. черт, не показалось, он и правда идет за мной, сесть быстро в такси, и поехать куда? Надо думать быстро.. поехать домой, он знает, где я живу.. бля, куда поехать?? Я подхожу к такси, и он догоняет меня и подходит близко.. черт, дождь, на разговоры/объяснения нет времени, я сажусь, и.. он тоже… вытолкнуть его я не могу.. и не хочу..

***

"I'm pretty when I cry.."

Играет мой плейлист у меня дома… Я не понимаю.. Шикарный мужчина в моей постели.. Точнее мы еще у постели.. Но, я не понимаю, что меня так пугает??! Он?! Да, он, так шикарен.. идеален.. но.. Что меня останавливает?! Это даже смешно… Останавливают отношения с парнем, с которым у меня еще вообще ничего не было??

Где-то далеко отсюда есть другой мужчина.. Между нами как бы ничего нет, но.. и как бы что-то есть.. непонятное.. Он так посмотрел на меня, когда мы в последний раз виделись на приеме у посла.. У нас даже не было возможности пообщаться.. Меня увели друзья на другую вечеринку – там я должна была встретиться с будущими бизнес партнерами, так что остаться я никак не могла.. Но, просматривая фото в инстаграме, очень раздражало, что он там хорошо проводит время.. и не один….

И вот я у постели с другим.. С идеальным мужчиной (это тот, с Парижа) и с которым отношения вроде как хорошо складываются.. О боже, он меня целует.. Я не могу понять, чувствую я что-либо или нет?.. Может мне мешает что-то чувствовать?? Глупо, или скорее странно, что самые яркие сексуальные ощущения у меня были с теми, с кем у меня вообще не было никаких и близко отношений, и мы были едва знакомы.. Из чего я могу сделать вывод, что меня пугают отношения, что я не хочу этого.. Но почему я не хочу этого?.. Почему меня смущает долго находиться с мужчиной?.. Точнее я не могу..

Сейчас, вроде бы все по-другому, он настолько идеален, что я просто не могу говорить ему нет.. Ни в чем.. Да и как сказать нет, когда парень хочет сделать тебя счастливой?! Думать о том, кто далеко и кто только причиняет тебе боль, даже как-то глупо..

В общем.. Мы снова летим в Париж…

***

Париж… Город любви и город сказка, очень люблю этот волшебный город.. А когда у тебя роман и ты тут как турист с другим туристом (влюбленным в тебя), то жизнь вообще прекрасна..

Пока в моей квартире еще ремонт, мы вынуждены остановиться в отеле.. На это раз хочется какой-то старинный богемный отель.. Где когда-то принимали ванны из шампанского…. Хочется роскоши, красоты и разврата… Вспоминается, как я как-то сказала маме, что собираюсь прожить жизнь настолько развратно, на сколько смогу.. В шутку конечно, (но в последней книге по психологии, которую я прочла, говорилось, что шуток вообще не существует.. все следует воспринимать в серьез.. помните об этом, когда в следующий раз какой-нибудь «шутник» скажет вам какую-нибудь гадость, типа «шутку», шлите его сразу на ***.)

Так вот я не шутила.. Я не считаю, что в жизни стоит все попробовать.. Далеко не все.. Пробовать стоит только лучшее..

***

Многие мои знакомые иногда высказывают удивление – когда я все успеваю.. Но для меня то, чем я занимаюсь, это не работа, это неотъемлемая часть меня, без которой я – это просто не я. Я занимаюсь всем этим, потому что мне это нравится.. И я долго не могу без этого.. В книгах по успеху пишут, что любая активность должна сменяться полноценным отдыхом… Я это все знаю, и стараюсь делать перерывы.. Но, долго не могу.. меня это убивает.. Я ни дня не могу без работы.. Даже пару часов мучительны. Если я где-то в поездке на отдыхе, на третий день, я уже просто не могу дождаться возвращения домой и только в мыслях, как и что скорее начать делать.. А когда что-то нравится делать, все получается легко и быстро.

***

Вечеринка с друзьями.. Тут был и он... Мы все разговаривали, пили, веселились. Пришло сообщение в фб, и вижу, что есть новости в инста.. Просмотрела ленту, и там фото его с его коллегой.. То ли дружеское, то ли непонятно.. Конечно, может, в том, что она его целует в щеку, а он весело улыбается, и ничего нет.. Самое интересное, что меня это не сильно волнует..

Это фото видел и он (парень с вечеринки).. Спросил о наших отношениях, знаю ли я об этом?.. Да знаю, и почему меня должно это волновать?! Я бы назвала это идеальные отношения, мы вместе, когда мы этого хотим, и делаем все, что хотим.

Он позвонил мне, спросил как дела, как я провожу время..

Я: вижу, что ты неплохо…

Он: да.. неплохо…..

(неловкое молчание, он как бы хотел спросить меня, не против ли я.. если у него будет что-то с другой девушкой.. ну что я могу тут сказать..)

Up to you..

В общем.. Проблема решена.. С моим идеальным мужчиной мы договорились… (ну как договорились.. хотя бы поговорили.. честно говоря, мне все ровно, что там с ним.. точнее, не то, чтобы все ровно, но я не могу ни о чем думать, зная, что ОН в соседней комнате..)

Я вхожу в комнату…. Он сразу посмотрел на меня… Это взгляд.. я не могу понять… Подхожу к столу, мне наливают текилу.. Пьем.. Опять этот его взгляд..

Я общаюсь с парнем, который стоял возле меня, громко смеюсь – так смешно, все, что бы он ни сказал! У меня начинается какой-то истерический смех, когда я знаю, что он где то рядом.. Ближе чем я думала, он подходит к нам.. Мы перекинулись пару фразами и все начали собираться вокруг стола, кто-то готовил горящие шоты.. Ох, сегодня будет горячо…

«I can love like no one,

I can give what you need (...)"

Блин, когда играет сексуальная ритмичная песня, я совсем не могу себя сдерживать.. Я пошла в коридор, зная на 100%, что он пойдет за мной..

Он за мной.. Поворачиваюсь.. Он уже совсем близко..

***

«В самом деле, нет ничего досаднее, как быть, например, богатым, порядочной фамилии, приличной наружности, недурно образованным, не глупым, даже добрым, и в то же время не иметь никакого таланта, никакой особенности, никакого даже чудачества, ни

одной своей собственной идеи, быть решительно «как и все».»

«Идиот», Федор Достоевский

Читая этот отрывок невольно вспомнила некоторых знакомых «классных» девчонок.. Они топ блогеры в соц сетях, типа успешные бизнес леди… Всегда много комментариев под их постами, какие они классные и т.д. Я смотрю на это все и решительно не понимаю…. Они самые обычные в своей обычности… Разве что сотни подписчиков и все эти коменты делают их необычными… Они ничего не создали такого значительного, не отличаются ни красотой, ни умом, пишут какие-то банальные посты, в их жизни нет ничего необычного я теряюсь в догадках, почему они так популярны?

«« Ограниченному «обыкновенному» человеку нет, например, ничего легче, как вообразить себя человеком необыкновенном и оригинальным и усладиться тем без всяких колебаний.»[6]

Опять же Достоевский.. Может эти слова могут как-то объяснить весь этот неадекват?.. Может их отношение к себе, как к «необыкновенным», передается другим?.. В общем, надо быть уверенным в

---

[6] Ф. Достоевский «Идиот»

себе.. Прочла интересную психологическую статью, в которой говорилось, что мы можем улавливать мысли других людей.. Если парень не уверен в себе и подходит знакомиться к девушке с мыслью, что она его, вероятно, пошлет, то так оно и будет.. Так как на определенных волнах, мы можем читать мысли других.. Интересно, не правда ли? Я часто в детстве думала, вот бы, иметь супер способность – читать мысли других, управлять другими, управлять своей собственной жизнью, иметь что-то вроде волшебной палочки.. А когда выросла, понимаю, что супер способности есть внутри каждого.. И мы сами и есть волшебная палочка.. Которую мы часто используем против себя.. Как тот анекдот, вдохновляющая картинка, где мужик говорит про себя: «работа тяжелая, денег нет, жена достала», а за ним ангел с блокнотом: «какие странные желания.. ничего не поделаешь, надо исполнять..»

Задумайтесь о чем вы думаете, и что говорите, слова это никогда не просто слова.. Это магия. Проследите за тем, что вы говорите.. Именно это и воплощается в жизнь.. Так что, только вам выбирать, что станет реальностью.

***

Моя стеснительность меня убивает.. В прямом смысле.. Не дает развиваться профессионально.. Я терпеть не могу такое качество как стеснительность в других людях, особенно когда талантливые красивые и умные люди «страдают» от этого недуга. Просто бесит!

Моя собственная стеснительность меня совсем не волновала, до тех пор, пока моя карьера не начала стремительно развиваться.. Видео ролики с моими fashion советами, интервью, выставки. Все это прикольно, но пугает до ужаса и постоянно не покидает чувство неуверенности, что ты этого достойна.. Как-то так.. Не в том, смысле, что я считаю себя недостойной всего этого, а в том, что не уверена, будут ли мои fashion советы интересны кому-то.. Много сомнений и неуверенности.. И я сама понимаю, как глупо все это.. Если мне говорят, что я талантлива, наверное, так и есть.. Да и какая вообще разница, что говорят?! Надо творить, писать и работать для себя, только это важно, только это настоящее и только это может принести успех.

«(...) подлинной причиной, удерживающей вас от достижения поставленных целей, является страх. Других причин просто не существует. Таким образом, мы сами не позволяем себе прикоснуться к своим мечтам»[7].

Это заставило меня задуматься.. Конечно, сложно творить «для себя», когда ты творишь публично – пишешь книги, статьи и т.д. Это постоянная борьба между творчеством и «здравым смыслом» и у меня чаще побеждает творчество.. Это не когда пишешь пафосные, типа забавные заметки о своей жизни, а когда пишешь, что тебя реально волнует, пугает и радует.. Это когда тебя пугают общепринятые в обществе «тенденции», а радует то, что многие назвали бы аморальным или просто странным.. Плевать на все! Творчество и искусство – это что-то настоящее, а не просто забавное и красивое. И плевать, что оценит это далеко не все, а только маленькая часть общества, с хорошим вкусом. Надо перестать бояться и посмотреть, что будет.

***

[7] Дж.Кэнфилд, М.В.Хансен - Осмельтесь преуспеть. Мн.: «Попурри», 2006. — 288 с.

«Как часто мы тратим время, пытаясь отыскать ответы на свои вопросы где-то во внешнем мире, тогда как могли бы задать те же самые вопросы самим себе. Возможно, самый лучший ответ скрыт глубоко в недрах нашего подсознания. Мы можем обрести доступ к мудрости, наставлениям и любви, задавая своему подсознанию правильные вопросы»[8].

[8] Кэнфилд, Дж., Хансен, М. В. Фактор Аладдина / Дж. Кэнфилд, М. В. Хансен ; пер. с англ. Е. Г. Гендель. — Мн. : «Попурри», 2007. — 432 с. : ил. — ISBN 978-985-483-916-5.

www.ingramcontent.com/pod-product-compliance
Lightning Source LLC
Chambersburg PA
CBHW071421180526
45170CB00001B/171